FABELN, MÄRCHEN, ANEKDOTEN UND ANDERES

Geschichten aus zwei Jahrhunderten

Edited by

Hans-Dieter Brueckner
Pomona College

UNIVERSITY
PRESS OF
AMERICA

LANHAM • NEW YORK • LONDON

Library of Congress Cataloging in Publication Data

Main entry under title:
Fabeln, Märchen, Anekdoten und Anderes.

Introductory matter in English.
Includes glossary in English and German.
1. German language—Readers—German literature.
2. German language—Study and teaching—English speakers
3. German prose literature—18th century.
4. German prose literature—19th century. 5. Tales—
Germany. I. Brueckner, Hans-Dieter.
PF3117.F23 1983   438.6'421   83-6538
ISBN 0-8191-3232-2
ISBN 0-8191-3233-0 (pbk.)

CONTENTS

iii

iv

FOREWORD

To anyone familiar with German readers currently available for classroom use it is clear that books which emphasize modern and contemporary literature abound while selections from earlier periods are very few in number. I hope that this anthology of eighteenth- and nineteenth-century tales will serve to remedy the deficiency to some degree. It exposes students to the work of these two centuries and may well be used in preparation for a literature course. Its main purpose, however, is to serve as a supplementary reader for students in intermediate language courses. At the same time it may also be used for the second semester of college German, since only the first five hundred words given by most frequency lists are omitted from the vocabulary, and the footnotes are quite extensive. It is suggested, nonetheless, that this be attempted only with highly motivated and well prepared students. The use of the anthology in the second semester would also depend on the experience of the instructor and on his attitude toward language teaching. It is my belief that a student need not be in full command of German grammar before beginning to read difficult texts, as long as they are well annotated.

All the stories in this book were tested in class over a four-year period, and many suggestions by students have been incorporated into the footnotes. The stories appear in their original form and with the exception of the Pückler-Muskau selections bear their original title. Whenever possible, even uncommon sentence structure and words were retained in order to acquaint the student with genuine and «undoctored» eighteenth- and nineteenth-century German. When such structure or words might be confusing, however, the modern usage is given in a footnote or in the vocabulary. The spelling has been modernized, but the original punctuation was kept unless it tended to obscure the meaning of a particular sentence.

The vocabulary appears on the pages facing the text. Only words which occur more than once are listed in the back of the book. Thus the stories can be read in and out of sequence, although it is suggested that stories thirty-seven to sixty be read in the fourth semester. Archaic, obsolete and dialectal word forms are followed by an equal sign (=) and then by the form more likely to be used today. These forms appear either in the vocabulary or in the footnotes.

The footnotes are extensive, and some of them may seem superfluous to an instructor. Most of these were requested by students, for whom, after all, this anthology was compiled. They were often better able to judge what was needed in regard to explanations than were native speakers.

For difficult passages the footnotes give a literal translation in square brackets, followed by an idiomatic rendering. For easier passages the vocabulary is listed on the opposite page, so that the student himself can make a literal translation and then compare it with the idiomatic translation in the footnote. The footnotes also contain other explanations, such as historical and geographical facts, essential for a complete comprehension of the text.

The stories of each author are followed by questions in German which are to be answered in German.[*] Although certain questions may seem long and complicated, they are phrased in such a way that each student can answer them according to the level of his ability. The questions are preceded by additional words and expressions to increase the student's vocabulary. These words are not listed in the back of the book.

The last set of questions is followed by biographical notes. They have been kept to a minimum, supplying only the most pertinent information about the authors.

All the tales appearing in this volume are in the public domain, save for the three Ebner-Eschenbach stories. I am grateful to Countess Aglae Schönfeldt (Castle Graschnitz, Steiermark, Austria) for her kind permission to publish these.

While all the remaining defects and errors in this anthology are my own, I would like to thank all those students and colleagues who by their advice and criticism during the past four years have helped shape this book. I am particularly indebted to Robert M. Browning (Emeritus, Hamilton College), Gloria Flaherty (Bryn Mawr College), Kathy Harms (Northwestern University), Egon Schwarz (Washington University), and Robert H. Spaethling (University of Massachusetts, Boston), who

---

[*]An instructor's manual is available upon request from University Press of America.

were kind enough to read parts of the manuscript. Further special thanks go to my colleagues at Pomona College, Stephen A. Erickson, Michael D. McGaha, and Howard T. Young, for their advice on questions of English, and to my brother, Hilmar-Detlef Brückner (Munich), who carefully studied the entire manuscript and made valuable suggestions. Finally, an apology is due to our dog Benjamin. He had to forego many well-deserved walks.

H.-D. B.
Claremont, California
Winter 1982

die Ameise, -n	ant
armselig	poor, miserable
ein/sammeln	to collect
der Vorrat, ̈-e	stock, provision, supply
nach/graben, u, a, ä (+ dat.)	to dig for
die Scheuer, -n (oberdt.) = die Scheune, -n	shed, barn
aus/leeren	to empty
räub(e)risch	rapacious, predatory
der Geiz	avarice, greed
jmdn. büßen lassen	to make s.o. atone, pay for
der Schäfer, -	shepherd
grausam	cruel
die Seuche, -n	contagious disease, epidemic
erfahren, u, a, ä	to hear, become aware of
ab/statten	to offer, express
jmdn. betreffen, a, o, i	to befall, affect a p.
fromm	gentle
blutig	bloody
die Träne, -n	tear

GOTTHOLD EPHRAIM LESSING (1729-1781)

Der Hamster und die Ameise

Ihr armseligen Ameisen, sagte ein Hamster. Ver-
lohnt es sich der Mühe, daß ihr den ganzen Sommer arbeitet, um ein so weniges einzusammeln? Wenn ihr meinen Vorrat sehen solltet! - -

5   Höre, antwortete eine Ameise, wenn er größer ist,
als du ihn brauchst, so ist es schon recht, daß die
Menschen dir nachgraben, deine Scheuren ausleeren, und
dich deinen räubrischen Geiz mit dem Leben büßen lassen!

Der Wolf und der Schäfer

Ein Schäfer hatte durch eine grausame Seuche seine ganze Herde verloren. Das erfuhr der Wolf, und kam
seine Kondolenz abzustatten.

       Schäfer, sprach er, ist es wahr, daß dich ein so
5 grausames Unglück betroffen? Du bist um deine ganze
Herde gekommen? Die liebe, fromme, fette Herde! Du
dauerst mich, und ich möchte blutige Tränen weinen.

<u>1</u> ihr	you (personal pronoun, 2nd person plural, nominative)
<u>1-2</u> es verlohnt sich der Mühe	it is worth the trouble
<u>3</u> ein so weniges	= so wenig
<u>4</u> solltet	(here) könntet
<u>6</u> schon	(here, emphasizing a condition) quite
<u>6-7</u> daß die Menschen dir nachgraben	that people pursue you
<u>7</u> deine Scheuren (= Scheuern) ausleeren	take your provisions
<u>5</u> betroffen	= betroffen hat
<u>5-6</u> um etwas kommen	= verlieren
<u>6-7</u> du dauerst mich	I pity you

2

versetzen	to reply
mitleidig	compassionate, charitable
hinzu/fügen	to add
der Nächste, -n, -n	fellow creature
kriegerisch	brave, valiant
der Fuchs, ¨e	fox
der Held, -en, -en	hero
die Gegend, -en	region
das Reich, -e	realm
das Verderben	destruction, doom
senden, sandte, gesandt	to send
jmdm. unterliegen, a, e	to succumb to s.o.
der Leichenredner, -	orator at a funeral
sich aus/drücken	to express o.s.
der Geschichtschreiber, -	historian
hinzu/setzen	to add

Habe Dank, Meister Isegrim, versetzte der Schäfer.
Ich sehe, du hast ein sehr mitleidiges Herz.
10 Das hat er auch wirklich, fügte des Schäfers Hy-
lax hinzu, so oft er unter dem Unglücke seines Nächsten selbst leidet.

Der kriegerische Wolf

Mein Vater, glorreichen Andenkens, sagte ein junger Wolf zu einem Fuchse, das war ein rechter Held!
Wie fürchterlich hat er sich nicht in der ganzen Gegend gemacht! Er hat über mehr als zweihundert Feinde,
5 nach und nach, triumphiert, und ihre schwarzen Seelen
in das Reich des Verderbens gesandt. Was Wunder also,
daß er endlich doch einem unterliegen mußte!

So würde sich ein Leichenredner ausdrücken, sagte
der Fuchs; der trockene Geschichtschreiber aber würde
10 hinzusetzen: die zweihundert Feinde, über die er, nach

<u>8</u> Meister Isegrim	Master Isengrim. Isengrim the Wolf is a figure in <u>Rey</u>-<u>nard</u> the <u>Fox</u>, a medieval beast epic.
<u>10</u> das hat er auch wirk- lich	he has that indeed
<u>10-11</u> Hylax = der Wach- hund, -e	watchdog
<u>11</u> so oft	as often as
<u>11-12</u> er ... selbst	he ... himself
leiden unter	to be affected by
<u>1</u> glorreichen Andenkens	gen., [of glorious memory], I remember his glorious deeds
<u>3-4</u> sich fürchterlich ma- chen = sich gefürchtet ma- chen	to make o.s. feared, an object of fear
<u>3</u> nicht	intensifier, omit
<u>5</u> nach und nach	little by little
<u>6</u> was Wunder also	is it any wonder therefore
<u>7</u> doch	nevertheless
<u>9</u> trocken	(here) objective

4

das Schaf, -e	sheep
der Esel, -	donkey
an/fallen, ie, a, ä	to attack, fall upon s.o.
sich erkühnen	to have the audacity
die Eiche, -n	oak tree
gefräßig	gluttonous
sich mästen	to feed, fatten o.s.
herab-	down, downward(s)
indem	while
die Eichel, -n	acorn
zerbeißen, i, i	to bite (to pieces); to crack (nuts)
verschlucken	to swallow
bereits	already
das Vieh	beast
sich nähren	to nourish o.s.
richten auf	to direct toward
inne/halten, ie, a, ä	to pause, stop
grunzen	to grunt
außen/bleiben = aus/-bleiben, ie, ie	to fail to appear
meinetwegen	on my account, for my sake
der Sperling, -e	sparrow
unzählig	innumerable
aus/bessern	to repair
der Glanz	splendor

und nach, triumphieret, waren Schafe und Esel; und der
eine Feind, dem er unterlag, war der erste Stier, den
er sich anzufallen erkühnte.

Die Eiche und das Schwein

Ein gefräßiges Schwein mästete sich, unter einer
hohen Eiche, mit der herabgefallenen Frucht. Indem es
die eine Eichel zerbiß, verschluckte es bereits eine
andere mit dem Auge.

5　　Undankbares Vieh! rief endlich der Eichbaum herab.
Du nährest dich von meinen Früchten, ohne einen einzigen dankbaren Blick auf mich in die Höhe zu richten.

Das Schwein hielt einen Augenblick inne, und grunz-
te zur Antwort: Meine dankbaren Blicke sollten nicht
10　außenbleiben, wenn ich nur wüßte, daß du deine Eicheln
meinetwegen hättest fallen lassen.

Die Sperlinge

Eine alte Kirche, welche den Sperlingen unzählige
Nester gab, ward ausgebessert. Als sie nun in ihrem
neuen Glanze da stand, kamen die Sperlinge wieder, ihre

11	triumphieret	= triumphiert hat
3	die eine Eichel	[the one acorn], one acorn, one of the acorns
3-4	verschluckte es --- mit dem Auge	[he swallowed already another one with his eye(s)], he was already greedily eyeing another acorn
6	nährest	= nährst
6-7	ohne --- zu richten	without casting a single grateful glance toward me up above
9	sollten	(here) would
11	hättest fallen lassen	Note that in a dependent clause the auxiliary verb precedes the double infinitive construction.
2	gab	(here) provided with
	ward	= wurde; only used in poetry and choice prose

6

allein	but, however
vermauern	to wall up
taugen	to be of use
das Gebäude, -	building
unbrauchbar	useless
der Steinhaufen, -	heap of stones
das Geschenk, -e	present
die Fee, -n	fairy
die Wiege, -n	cradle
wohltätig	charitable
jmdm. etwas schenken	to make a p. a present
der Liebling, -e	favorite; darling
scharfsichtig	keen
der Blick, -e	sight
der Adler, -	eagle
die Mücke, -n	gnat
entgehen, i, a	to escape
unterbrechen, a, o, i	to interrupt
einsichtsvoll	discerning, judicious
besitzen, a, e	to possess
die Scharfsichtigkeit	sharp-sightedness
die Verachtung	contempt, disdain
jmdm. nach/jagen	to pursue s.o.
die Einschränkung	limitation, qualification

alten Wohnungen zu suchen. Allein sie fanden sie alle
5 vermauert. Zu was, schrieen sie, taugt denn nun das
große Gebäude? Kommt, verlaßt den unbrauchbaren Steinhaufen!

Das Geschenk der Feen

Zu der Wiege eines jungen Prinzen, der in der Fol-
ge einer der größten Regenten seines Landes ward, tra-
ten zwei wohltätige Feen.

Ich schenke diesem meinem Lieblinge, sagte die ei-
5 ne, den scharfsichtigen Blick des Adlers, dem in seinem
weiten Reiche auch die kleinste Mücke nicht entgeht.

Das Geschenk ist schön, unterbrach sie die zweite
Fee. Der Prinz wird ein einsichtsvoller Monarch werden. Aber der Adler besitzt nicht allein Scharfsichtig-
10 keit, die kleinsten Mücken zu bemerken; er besitzt auch
eine edle Verachtung, ihnen nicht nachzujagen. Und
diese nehme der Prinz von mir zum Geschenk!

Ich danke dir, Schwester, für diese weise Ein-
schränkung, versetzte die erste Fee. Es ist wahr;

__4__ allein	allein is a coordinating conjunction and takes normal word order
__5__ zu was ... taugt denn	of what use then is
__1-2__ in der Folge	later on
__2__ der Regent, -en, -en	(here) ruler
ward	= wurde
__4__ diesem meinem Lieblinge	dieser + possessive pronoun; to this my favorite, to this favorite of mine
__10-11__ er besitzt --- nach-zujagen	[he possesses also a noble disdain not to pursue them], he is also so noble and disdainful as not to pursue them
__12__ diese	= die edle Verachtung
nehme	present subjunctive to express an imperative

8

der König, -e	king
durchdringend	penetrating
der Verstand	intellect
die Angelegenheit, -en	affair, matter
sich erniedrigen	to degrade, demean o.s.
der Rabe, -n, -n	raven
der Zweifel, -	doubt
seitdem	since then
elend	miserable
aus/brüten	to hatch

15 viele würden weit größere Könige gewesen sein, wenn
   sie sich weniger mit ihrem durchdringenden Verstande
   bis zu den kleinsten Angelegenheiten hätten erniedri-
   gen wollen.

Der Rabe

Der Rabe bemerkte, daß der Adler ganze dreißig
Tage über seinen Eiern brütete. Und daher kommt es,
ohne Zweifel, sprach er, daß die Jungen des Adlers so
allsehend und stark werden. Gut! das will ich auch
5 tun.

Und seitdem brütet der Rabe wirklich ganze dreißig
Tage über seinen Eiern; aber noch hat er nichts als
elende Raben ausgebrütet.

15-18 wenn sie --- wollen	[if they had wanted to degrade themselves less with their penetrating intellect down to the smallest matters], if they had been less determined to demean themselves by applying their penetrating intellect (down) to the most insignificant matters	
17-18 hätten erniedrigen wollen	cp. Die Eiche und das Schwein (no. 4), ftn. I. 11	
1-2 ganze dreißig Tage	a full thirty days	
2 über seinen Eiern brüten	to sit on his eggs	
daher kommt es	for that reason	
4 allsehend	keen-eyed	
7 noch	as yet	

QUESTIONS

Der Hamster und die Ameise

die Habgier   avarice, greed

(1) Wie lange müssen die Ameisen arbeiten?

(2) Warum tun die Ameisen dem Hamster leid?

(3) Wieviel hat der Hamster gesammelt?

(4) Wieviel sollte der Hamster sammeln?

(5) Was geschieht dem Hamster seiner Habgier wegen
schon ganz recht?

Der Wolf und der Schäfer

jmdm. sein Beileid aus/-   to express o's condolences
sprechen, a, o, i   to s.o.

der Schluß, ¨sse   conclusion

jmdn. bedauern   to feel sorry for a p.

(1) Wodurch hatte der Schäfer seine ganze Herde verloren?

(2) Warum ging der Wolf zu dem Schäfer?

(3) Wie nennt der Wolf die Herde des Schäfers?

(4) Wie leid tut der Schäfer dem Wolf?

(5) Zu welchem Schluß kommt der Schäfer, nachdem der
Wolf ihn so bedauert hat?

(6) Wer ist skeptischer als der Schäfer?

(7) Wann hat der Wolf nur Mitleid mit anderen?

Der kriegerische Wolf

halten für   to regard as, take to be

sachlich   objective

schließlich   finally, eventually

um/bringen, brachte um,   to kill
umgebracht

(1) Mit wem spricht der junge Wolf?

(2) Wofür hält der junge Wolf seinen Vater?

(3) Wieviele Feinde hatte der alte Wolf getötet?

(4) Warum ist es kein Wunder, daß der Wolf endlich
sterben mußte?

(5) Wer würde sich so wie der junge Wolf ausdrücken?

(6) Wer würde die Heldentaten des alten Wolfs viel
sachlicher beschreiben?

(7) Wen hatte der alte Wolf getötet?

(8) Wer hat den Wolf schließlich umgebracht?

Die Eiche und das Schwein

die Eigenschaft, -en   characteristic, peculiarity

11

sich befinden, a, u	to be
fressen, a, e, i	to eat (referring to animals)
jmdm. einen Blick zu/- werfen, a, o, i	to cast a glance at s.o.
sich erkenntlich zeigen	to show o's appreciation
seinetwegen	on his account

(1) Welche schlechte Eigenschaft hat das Schwein?

(2) Wo befindet sich das Schwein?

(3) Was macht das Schwein dort?

(4) Warum ist die Eiche so böse auf das Schwein?

(5) Wann wird sich das Schwein der Eiche erkenntlich zeigen?

Die Sperlinge

instand setzen	to repair
entdecken	to discover
in Besitz nehmen, a, o, i	to take possession of

(1) Warum mußten die Sperlinge ihre Nester verlassen?

(2) Wann kamen die Vögel wieder?

(3) Was entdeckten die Sperlinge, als sie ihre Nester wieder in Besitz nehmen wollten?

(4) Warum war die alte Kirche für die Vögel zu einem unbrauchbaren Steinhaufen geworden?

Das Geschenk der Feen

der Herrscher, -	ruler
jmdm. etw. zum Geschenk machen	to make a p. a present of s.th.
sich ab/geben mit, a, e, i	to concern o.s. with
die Kleinigkeit, -en	trifle

(1) Was wurde der junge Prinz später?

(2) Was machte die erste Fee dem Prinzen zum Geschenk?

(3) Was entgeht dem Adler in seinem weiten Reich nicht?

(4) Was schenkte die zweite Fee dem Prinzen?

(5) Wofür dankte die erste Fee der zweiten Fee?

(6) Womit darf sich jemand, der ein großer König werden will, nicht abgeben?

Der Rabe

angeblich   supposedly

scharfäugig   keen-eyed

(1) Wie lange saß der Adler auf seinen Eiern?

(2) Warum sind die Jungen des Adlers angeblich so
scharfäugig?

(3) Was will der Rabe auch tun?

(4) Was hat der Rabe nach dreißig Tagen ausgebrütet?

wohlfeil	cheap
das Sprichwort	proverb, saying
gewiß	certain
vorher	beforehand, in advance
wohlgekleidet	well-dressed
protzig	snobbish, ostentatious
die Suppe, -n	soup
hierauf	then
fordern	to demand
das Rindfleisch	beef
das Gemüse, -	vegetable
der Wirt, -e	innkeeper
höflich	polite
freilich	certainly, by all means
erwidern	to reply
alles	everything
schmecken	to taste
jmdm. etwas schuldig sein	to owe a p. (a sum)
die Speise, -n	food
dafür	for it

JOHANN PETER HEBEL (1760-1826)

Das wohlfeile Mittagessen

Es ist ein altes Sprichwort: Wer andern eine Gru-
be gräbt, fällt selber darein. - Aber der Löwenwirt in
einem gewissen Städtlein war schon vorher darin. Zu
diesem kam ein wohlgekleideter Gast. Kurz und protzig
5 verlangte er für sein Geld eine gute Fleischsuppe.
Hierauf forderte er auch ein Stück Rindfleisch und ein
Gemüse, für sein Geld. Der Wirt fragte ganz höflich,
ob ihm nicht auch ein Glas Wein beliebe. - «O freilich
ja», erwiderte der Gast, «wenn ich etwas Gutes haben
10 kann für mein Geld.» Nachdem er sich alles wohl hatte
schmecken lassen, zog er einen abgeschliffenen Sechser
aus der Tasche und sagte: «Hier, Herr Wirt, ist mein
Geld.» Der Wirt sagte: «Was soll das heißen? Seid
Ihr mir nicht einen Taler schuldig?» Der Gast erwi-
15 derte: «Ich habe für keinen Taler Speise von Euch
verlangt, sondern für mein Geld. Hier ist mein Geld.
Mehr hab' ich nicht. Habt Ihr mir zuviel dafür ge-

1-2 Wer --- darein (= hin- ein).	[He who digs a pit for others falls into it himself]. He that mischief hatcheth, mis- chief catcheth.
2-3 Aber der Löwenwirt ... war schon vorher darin.	[But the proprietor of the Lion Inn ... was already be- forehand in it (the pit)]. Without knowing it, the pro- prietor of the Lion Inn ... fell into his own trap.
8 ob ihm nicht ... be- liebe	if he wouldn't like
9-10 wenn ich etwas Gutes haben kann für mein Geld	= wenn ich etwas Gutes für mein Geld haben kann
10-11 nachdem --- lassen	after he had thoroughly en- joyed everything; cp. also Die Eiche und das Schwein (no. 4), ftn. 1. 11
11 einen abgeschliffenen Sechser	a worn six-pfennig (or -kreut- zer) piece (an old coin)
14 Ihr	The personal pronoun Ihr (2nd pers. plur.) was once used to address a person of rank or good social standing.
der Taler	thaler, three-mark piece (an old coin)

16

der Einfall, ⁼e	idea, thought
die Unverschämtheit, -en	impudence, brazenness
dazu	to it; in addition
unbekümmert	indifferent, unconcerned
das Gemüt, -er	mind, heart
ab/laufen, ie, au, äu	to turn out
durchtrieben	cunning, shifty
der Schalk	rascal
der Nachbar, -s & -n, -n	neighbor
ebenso	the same
jeglicher, -che, -ches	every, each
jmdm. einen Tort an/-tun, a, a	to play a nasty trick on s.o.
jmdm. einen Schimpf an/-tun, a, a	to insult s.o.
schlau	sly, crafty
an/bieten, o, o	to offer
vorsichtig	cautious, careful
eben	precisely, exactly
im Grunde	in reality, truth
(jmdn.) hintergehen, i, a	to cheat, deceive (s.o.)
der Nutzen	profit, benefit
davon	from it
listig	cunning, sly
der Kunde, -n	customer
obendrein	besides, over and above
eine Lehre ziehen aus	to take a warning from

geben, so ist's Eure Schuld.» - Dieser Einfall war eigentlich nicht weit her. Es gehörte nur Unverschämt-
20 heit dazu und ein unbekümmertes Gemüt, wie es am Ende
ablaufen werde. Aber das Beste kommt noch. «Ihr seid
ein durchtriebener Schalk», erwiderte der Wirt, «und
hättet wohl etwas anderes verdient. Aber ich schenke
Euch das Mittagessen und hier noch ein 24-Kreuzer-Stück
25 dazu. Nur seid stille zur Sache und geht zu meinem
Nachbarn, dem Bärenwirt, und macht es ihm ebenso.» Das
sagte er, weil er mit seinem Nachbarn, dem Bärenwirt,
aus Brotneid im Unfrieden lebte, und einer dem andern
jeglichen Tort und Schimpf gern antat und erwiderte.
30 Aber der schlaue Gast griff lächelnd mit der einen Hand
nach dem angebotenen Geld, mit der andern vorsichtig
nach der Türe, wünschte dem Wirt einen guten Abend und
sagte: «Bei Eurem Nachbarn, dem Herrn Bärenwirt, bin
ich schon gewesen, und eben der hat mich zu Euch ge-
35 schickt und kein anderer.»

So waren im Grunde beide hintergangen, und der
dritte hatte den Nutzen davon. Aber der listige Kunde
hätte sich noch obendrein einen schönen Dank von beiden
verdient, wenn sie eine gute Lehre daraus gezogen und

18-19 her	war ... nicht weit	was ... not worth much
19-20 dazu	es gehörte nur ...	all that was needed was
20-21 laufen werde	wie es am Ende ab-	(as to) how it would turn out in the end
24	ein 24-Kreuzer-Stück	a twenty-four-kreutzer piece (an old silver coin)
25	seid stille zur Sache	be quiet about things
26	der Bärenwirt	the proprietor of the Bear Inn
28	der Brotneid	professional jealousy
28-29 widerte	und einer --- er-	[and one liked to do to the other every nasty trick and insult and respond (to it)], and each gleefully played every conceivable nasty trick on the other and insulted him, respond- ing in kind to the tricks and insults of his opponent
32	nach der Türe	= nach der Tür

sich mit jmdm. aus/söhnen	to make o's peace with a p.
der Hof, ⸚e	court, courtyard
klagen über	to complain, fret about
häufig	frequently
mit jmdm. aus/kommen, a, o	to get along with s.o.
indessen	nevertheless
schlimm	bad
wunderlich	strange, eccentric, peculiar
mit jmdm. umzugehen wissen	to know how to deal with, handle s.o.
eigensinnig	stubborn, obstinate; unreasonable
nachgebend	indulgent
jmdn. zur Besinnung bringen, brachte, gebracht	to bring s.o. to his senses
der Bediente, -n, -n	(man)servant
gelingen, a, u	to succeed
es gelingt mir, etwas zu tun	I succeed in doing s.th. (impers. v.)
es jmdm. recht machen	to please s.o.
entgelten, a, o, i	to suffer for s.th.
woran	of which
verdrießlich	sullen, bad-tempered
heiß	hot
die Schüssel, -n	dish, bowl
hinab-	down, downward(s)

40 sich miteinander ausgesöhnt hätten. Denn Frieden er-
nährt, aber Unfrieden verzehrt.

Das Mittagessen im Hof

Man klagt häufig darüber, wie schwer und unmöglich
es sei, mit manchen Menschen auszukommen. Das mag denn
freilich auch wahr sein. Indessen sind viele von solchen Menschen nicht schlimm, sondern nur wunderlich,
5 und wenn man sie nur immer recht kennte, inwendig und
auswendig, und recht mit ihnen umzugehen wüßte, nie zu
eigensinnig und nie zu nachgebend, so wäre mancher wohl
und leicht zur Besinnung zu bringen. Das ist doch einem Bedienten mit seinem Herrn gelungen. Dem konnte er
10 manchmal gar nichts recht machen und mußte vieles ent-
gelten, woran er unschuldig war, wie es oft geht. So
kam einmal der Herr sehr verdrießlich nach Hause und
setzte sich zum Mittagessen. Da war die Suppe zu heiß
oder zu kalt oder keines von beiden; aber genug, der
15 Herr war verdrießlich. Er faßte daher die Schüssel mit
dem, was darinnen war und warf sie durch das offene
Fenster in den Hof hinab. Was tat der Diener? Kurz
besonnen warf er das Fleisch, welches er eben auf den

<u>40-41</u>	Frieden --- verzehrt	concord nourishes, discord ravishes
<u>2</u>	sei	(here) can be
<u>2-3</u>	Das mag --- sein.	That may indeed be true.
<u>5</u>	kennte	subjunctive
<u>5-6</u>	inwendig und auswendig	[inside and outside], through and through
<u>8-9</u>	Das ist --- gelungen.	[A servant was nevertheless successful in regard to his master]. Nevertheless a servant was once successful in teaching his master a lesson.
<u>9</u>	dem	object; demonstrative pronoun
<u>11</u>	wie es oft geht	as is often the case
<u>11-12</u> Herr	so kam einmal der Herr	= so kam der Herr einmal
<u>14</u>	keines von beiden	[neither the one nor the other], neither
<u>16</u>	darinnen	in it
<u>17-18</u>	kurz besonnen	without hesitation
<u>18</u>	eben	just then

20

das Tischtuch, ⸚er	tablecloth
verwegen	impudent, audacious
auf/fahren, u, a, ä	to jump up
drohend	threatening, menacing
der Zorn	wrath, anger
der Sessel, -	arm-, easychair
verzeihen, ie, ie	to pardon, forgive
die Meinung, -en	intention; opinion
erraten, ie, a, ä	to guess
speisen	to eat
heiter	clear
lieblich	lovely
der Apfel, ⸚	apple
blühen	to bloom, blossom
fröhlich	joyful, merry
die Biene, -n	bee
erkennen, erkannte, erkannt	to recognize
sich auf/heitern	to brighten
der Anblick, -e	view, sight
heimlich	secretly
der Einfall, ⸚e	idea, thought
der Aufwärter, -	servant
die Lehre, -n	lesson

der Spazierritt, -e	ride, outing on horseback
der Bube, -n, -n	boy
nebenher	alongside
das Glied, -er	limb
der Bursche, -n, -n	boy, lad
das Bein, -e	leg
die Strecke, -n	distance, stretch
der Unverstand	stupidity, folly
der Kerl, -e	fellow

21

Tisch stellen wollte, mir nichts, dir nichts, der Suppe
20 nach, auch in den Hof hinab, dann das Brot, dann den
Wein, und endlich das Tischtuch mit allem, was noch darauf war, auch in den Hof hinab. «Verwegener, was soll
das sein?» fragte der Herr und fuhr mit drohendem Zorn
von dem Sessel auf. Aber der Bediente erwiderte kalt
25 und ruhig: «Verzeihen Sie mir, wenn ich Ihre Meinung
nicht erraten habe. Ich glaubte nicht anders, als Sie
wollten heute in dem Hof speisen. Die Luft ist so heiter, der Himmel so blau, und sehen Sie nur, wie lieb-
lich der Apfelbaum blüht und wie fröhlich die Bienen
30 ihren Mittag halten.» - Diesmal die Suppe hinabgeworfen und nimmer! Der Herr erkannte seinen Fehler, hei-
terte sich im Anblick des schönen Frühlingshimmels auf,
lächelte heimlich über den schnellen Einfall seines
Aufwärters und dankte ihm im Herzen für die gute Lehre.

Seltsamer Spazierritt

Ein Mann reitet auf seinem Esel nach Haus und läßt
seinen Buben zu Fuß nebenher laufen. Kommt ein Wanderer
und sagt: «Das ist nicht recht, Vater, daß Ihr reitet
und laßt Euern Sohn laufen; Ihr habt stärkere Glieder.»
5 Da stieg der Vater vom Esel herab und ließ den Sohn reiten. Kommt wieder ein Wandersmann und sagt: «Das ist
nicht recht, Bursche, daß du reitest und lässest deinen
Vater zu Fuß gehen. Du hast jüngere Beine.» Da saßen
beide auf und ritten eine Strecke. Kommt ein dritter
10 Wandersmann und sagt: «Was ist das für ein Unverstand:
zwei Kerle auf einem schwachen Tiere; sollte man nicht

19	mir nichts, dir nichts	without ceremony
22-23	was soll das sein?	[what is that supposed to mean?], what is the meaning of that?
26-27	als Sie wollten heu-te in dem Hof speisen	= als daß Sie heute in dem Hof speisen wollten
28	nur	just
30	Mittag halten	to have lunch
30-31	diesmal die Suppe hinabgeworfen	= dies eine Mal hatte der Herr die Suppe hinabgeworfen
31	nimmer = nie wieder	never again
2	kommt	= da kommt; cp. ls. 6, 9, 15
3	Ihr	cp. Das wohlfeile Mittagessen (no. 8), ftn. 1. 14
7	lässest	= läßt

22

der Stock, ⸚e	stick
hinab/jagen	to chase off
der Geselle, -n, -n	chap, fellow
vorder	(adj.) front, fore
der Baumpfahl, ⸚e	wooden stake, pole
heim-	(pref.) home
die Achsel, -n	shoulder
das Pulver, -	powder
erfinden, a, u	to invent
dabei	moreover, in addition
fromm	godly, pious
angesehen	respected, distinguished
gelehrt	learned

einen Stock nehmen und euch beide hinabjagen?» Da
stiegen beide ab und gingen selbdritt zu Fuß, rechts
und links der Vater und Sohn und in der Mitte der Esel.
15 Kommt ein vierter Wandersmann und sagt: «Ihr seid drei
kuriose Gesellen. Ist's nicht genug, wenn zwei zu Fuß
gehen? Geht's nicht leichter, wenn einer von Euch reitet?» Da band der Vater dem Esel die vordern Beine zusammen und der Sohn band ihm die hintern Beine zusammen,
20 zogen einen starken Baumpfahl durch, der an der Straße
stand, und trugen den Esel auf der Achsel heim.

So weit kann's kommen, wenn man es allen Leuten
will recht machen.

Moses Mendelsohn

Moses Mendelsohn war jüdischer Religion und Hand-
lungsbediener bei einem Kaufmann, der das Pulver nicht
soll erfunden haben. Dabei war er aber ein sehr frommer
und weiser Mann und wurde daher von den angesehensten
5 und gelehrtesten Männern hochgeachtet und geliebt. Und

13 selbdritt	(obs.) (all) three
22 so weit kann's kommen	that is what can happen
22-23 wenn man es allen Leuten will recht machen	= wenn man es allen Leuten recht machen will
es allen recht machen wollen	to wish to please everybody

1 Moses Mendelsohn	Moses Mendelssohn (1729-1786). German philosopher. Popularized the ideas of the German Enlightenment and played an important role in the emancipation of the Jews.
jüdischer Religion	(gen.) of the Jewish faith
1-2 Handlungsbediener = der Handlungsgehilfe, -n, -n	office clerk
2-3 der das Pulver nicht soll erfunden haben = der das Pulver nicht erfunden haben soll	who was not too bright
3 er	= Moses Mendelssohn
4-5 wurde ... hochgeachtet	was being held in high esteem

um ... willen (+ gen.)	for the sake of
Beweis geben von	to give proof of
unter anderem	among other things
die Zufriedenheit	contentment
das Schicksal, -e	fate, destiny; lot
die Rechnung, -en	bill, account
schwitzen	to sweat
unverantwortlich	inexcusable
verständig	intelligent, sensible
bieten, o, o	to offer

das ist recht. Denn man muß um des Bartes willen den
Kopf nicht verachten, an dem er wächst. Dieser Moses
Mendelsohn gab unter anderm von der Zufriedenheit mit
seinem Schicksal folgenden Beweis. Denn als eines Ta-
10 ges ein Freund zu ihm kam und er eben an einer schwe-
ren Rechnung schwitzte, sagte dieser: «Es ist doch
schade, guter Moses, und ist unverantwortlich, daß ein
so verständiger Kopf, wie Ihr seid, einem Manne ums
Brot dienen muß, der Euch das Wasser nicht bieten kann.

<u>6-7</u> Denn --- wächst.	[For one must not hold the head in contempt, because of the beard which grows on it]. (In the 18th century a Jew was recognized by the beard he wore, a custom that was detestable as well as amusing to prejudiced people of the time). For one should not judge a book by its cover. Or: For one should judge a tree by its fruit.
<u>8-9</u> gab --- Beweis	[gave among other things the following proof of his content- ment with his lot], among other things, ... gave the following proof of being content with his lot
<u>9</u> denn	omit
<u>10-11</u> er ... an einer schweren Rechnung schwitzte	[he was sweating over a hard account], a particularly troublesome account was caus- ing him great difficulty
<u>11</u> dieser	= der Freund
<u>11-12</u> es ist doch schade	it is a great pity
<u>13</u> Ihr	cp. <u>Das wohlfeile Mittagessen</u> (no. 8), ftn. 1. 14
<u>13-14</u> einem Manne ums Brot dienen	[to serve a man for bread], to work for a man
<u>14</u> der Euch --- kann	[who cannot offer you water], who cannot hold a candle to you, is not worthy of cleaning your boots

26

gescheit	intelligent, smart
die Feder, -n	quill
das Tintenfaß, -fässer	inkpot
der Fluch, ⸚e	curse
der Ofen, ⸚	stove
an/sehen, a, e, ie	to regard, look at
die Vorsehung	Providence, God
aus/denken, a, a	to consider in all its parts
der Dienst	service
der Schreiber, -	clerk
Polen	Poland
regieren	to rule
entstehen, a, a	to spring up, begin
die Empörung, -en	rebellion, insurrection

15 Seid Ihr nicht am kleinen Finger gescheiter als der am
ganzen Körper, so groß er ist?» Einem andern hätt' das
im Kopf gewurmt, er hätte Feder und Tintenfaß mit ein
paar Flüchen hinter den Ofen geworfen und seinem Herrn
aufgekündet auf der Stelle. Aber der verständige Mendel-
20 sohn ließ das Tintenfaß stehen, steckte die Feder hinter
das Ohr, sah seinen Freund ruhig an und sprach zu ihm
also: «Das ist recht gut, wie es ist, und von der Vor-
sehung weise ausgedacht. Denn so kann mein Herr von
meinen Diensten viel Nutzen ziehen und ich habe zu le-
25 ben. Wäre ich der Herr und er mein Schreiber, ihn
könnte ich nicht brauchen.»

Ein teurer Kopf und ein wohlfeiler

Als der letzte König von Polen noch regierte, entstand gegen ihn eine Empörung, was nichts Seltenes war.

<u>15-16</u> Seid Ihr --- ist?	[Don't you have more brains in your little finger than he has in his whole body, as large as that body is?]. Don't you have more brains in your little finger than he has in his head?
<u>16-17</u> einem andern hätt' das im Kopf gewurmt = einen anderen hätte das gewurmt	someone else would have been annoyed
<u>19</u> aufgekündet auf der Stelle	= auf der Stelle aufgekündet
aufkünden = kündigen	to give notice
<u>22</u> also	as follows
<u>22-23</u> und (ist) von der Vorsehung weise ausgedacht (worden)	and has been weighed wisely by God
<u>23</u> so	in this way
<u>23-24</u> Nutzen ziehen von (= aus)	to profit from
<u>24-25</u> ich habe zu leben	I can make a living
<u>25</u> ihn	an emphatic statement in which the object precedes the verb
<u>2</u> was nichts Seltenes war	[which was not unusual], which was frequently the case

28

polnisch	Polish
der Fürst, -en, -en	prince
frech	impudent, insolent
entweder ... oder	either ... or
jmdn. betrüben	to distress, sadden s.o.
kaltblütig	cool-headed
empfangen, i, a, ä	to receive
das Vergnügen	pleasure, enjoyment
gelten, a, o, i	to be of value, worth
versichern	to assure
geduldig	patient
der Schnittlauch	chives (plur.)
die Küche, -n	kitchen
der Schlüssel, -	key
auf Besuch sein bei	to visit
die Magd, ¨e	maid(servant)
der Knecht, -e	servant

29

Einer von den Rebellen, und zwar ein polnischer Fürst,
vergaß sich so sehr, daß er einen Preis von 20 000 Gul-
5 den auf den Kopf des Königs setzte. Ja, er war frech
genug, es dem König selber zu schreiben, entweder um
ihn zu betrüben oder zu erschrecken. Der König aber
schrieb ihm ganz kaltblütig zur Antwort: «Euern Brief
habe ich empfangen und gelesen. Es hat mir einiges Ver-
10 gnügen gemacht, daß mein Kopf bei Euch noch etwas gilt.
Denn ich kann Euch versichern, für den Eurigen gäb' ich
keinen roten Heller.»

Der geduldige Mann

Ein Mann, der eines Nachmittags müde nach Hause
kam, hätte gern ein Stück Butterbrot mit Schnittlauch
darauf gegessen, oder etwas von einem geräucherten Bug.
Aber die Frau, die im Haus ziemlich der Meister war und
5 in der Küche ganz, hatte den Schlüssel zum Küchenkästlein in der Tasche und war bei einer Freundin auf Besuch. Er schickte daher die Magd und den Knecht, eins
um das andere, die Frau soll heimkommen oder den Schlüssel schicken. Sie sagte allemal: «Ich komm gleich, er
10 soll nur ein wenig warten.» Als ihm aber die Geduld
immer näher zusammenging und der Hunger immer weiter

4	vergaß sich so sehr	lost his head to such a degree
4-5	der Gulden, -n	florin (an old coin)
8	Euern	cp. Das wohlfeile Mittagessen (no. 8), ftn. 1. 14
11	der Eurige	(poss. pron.) yours
12	keinen roten Heller	not a penny, not a red cent
3	geräucherter Bug	smoked pork shoulder
4	ziemlich der Meister	pretty much the boss
5-6	das Küchenkästlein	pantry box
7-8	eins um das andere	alternately, one after the other
8	soll	= solle; indirect discourse
9	allemal	every time
10-12	als --- auseinander	[when, however, his patience shrank more and more and his hunger got larger and larger], as his patience, however, wore thinner and thinner and his appetite grew bigger and bigger

30

auf/schließen, o, o	to unlock, open
aus/halten, ie, a, ä	to bear, endure
zu/schließen, o, o	to lock
wohl oder übel	willing or unwilling
der Bienenstand, ⸚e	beehouse, beehive
das Wirtshaus, ⸚er	inn, tavern
ein/hängen	to hang (a door) on (its) hinges
nachher	afterwards, after that

auseinander, trägt er und der Knecht das verschlossene
Küchenkästlein in das Haus der Freundin, wo seine Frau
zum Besuch war, und sagt zu seiner Frau: «Frau, sei so
15 gut und schließ mir das Kästlein auf, daß ich etwas zum
Abendessen nehmen kann, sonst halt ich's nimmer aus.»
Also lachte die Frau und schnitt ihm ein Stücklein Brot
herab und etwas vom Bug.

Der schlaue Mann

Einem andern, als er das Wirtshaussitzen bis nach
Mitternacht anfing, schloß einmal die Frau nachts um
zehn Uhr die Türe zu und ging ins Bett, und wollt' er
wohl oder übel, so mußte er unter dem Bienenstand im
5 Garten über Nacht sein. Den andern Tag, was tut er?
Als er ins Wirtshaus ging, hob er die Haustüre aus den
Kloben und nahm sie mit, und früh um ein Uhr, als er
heimkam, hängte er sie wieder ein und schloß sie zu, und
seine Frau hat ihn nimmer ausgeschlossen und ist ins
10 Bett gegangen, sondern hat ihn nachher mit Liebe und

12	trägt	= tragen
14	und sagt	= und der Mann sagt
16	nimmer	no longer, no more
17-18	herabschneiden	to cut off; «herabschneiden» refers to «ein Stücklein Brot» as well as to «etwas vom Bug»

1-3	einem andern, als er das Wirtshaussitzen ... anfing, schloß einmal die Frau ... die Türe zu	cp. Der geduldige Mann (no. 13), l. 1 («Ein Mann»). Hebel proceeds to give another example of matrimonial friction. «Einem andern» is dat. of interest; the subject of the sentence is «die Frau»: [the wife once locked the door on another one ... when he began hanging about in taverns ...], once, when another man began hanging about in taverns ..., his wife locked him out ...
3, 6	die Türe, die Haustüre	= die Tür, die Haustür
3-4	und --- übel	and whether he liked it or not
5	den andern Tag	the following day
7	der Kloben, -	(door)hinge

32

die Sanftmut	gentleness

der Besenbinder, -	broom maker
nebeneinander	side by side
feil haben	to sell (goods)
begreifen, begriff, begriffen	to comprehend, understand
der Besen, -	broom
stehlen, a, o, ie	to steal
das Reis, -er	birch twig
der, die, das meinige	mine
gleichwohl	nevertheless
der Tag(e)lohn, ⁔e	day's wages

der Dieb, -e	thief
sich mausig machen	to show off, put on airs
die Heimat	home, homeland
zurück/kehren	to return
dulden	to tolerate
daheim	at home
jmdn. fort/lassen, ie, a, ä	to let a p. go, allow s.o. to leave

Sanftmut gebessert.

Zwei honette Kaufleute

Zwei Besenbinder hatten nebeneinander feil in Hamburg. Als der eine schon fast alles verkauft hatte, der andere noch nichts, sagte der andere zu dem einen: «Ich begreife nicht, Kamerad, wie du deine Besen so wohlfeil
5 geben kannst. Ich stehle doch das Reis zu den meinigen auch und verdiene gleichwohl den Taglohn kaum mit dem Binden.» «Das will ich dir wohl glauben, Kamerad», sagte der erste, «ich stehle die meinigen, wenn sie schon gebunden sind.»

Des Diebes Antwort

Einem Dieb, der sich mit Reden mausig machen wollte, sagte jemand: «Was wollt Ihr? Ihr dürft ja gar nicht mehr in Eure Heimat zurückkehren und müßt froh sein, wenn man Euch hier duldet.» - «Meint Ihr», sagte der Dieb,
5 «meine Herren daheim haben mich so lieb, ich weiß gewiß, wenn ich heimkäme, sie ließen mich nimmer fort.»

honett	honest, respectable
1-2 Zwei Besenbinder hatten nebeneinander feil in Hamburg.	= Zwei Besenbinder hatten in Hamburg nebeneinander feil.
Hamburg	city in northwestern Germany, on the river Elbe
2 der eine	[the one], one of them
3 sagte --- einen	[the second said to the first], the latter said to the former
4 der Kamerad, -en, -en	(here) friend
5 zu den meinigen	= für meine Besen
6-7 und --- Binden	and nevertheless hardly earn a day's wages [with binding =] by making brooms
7 das --- glauben	I can certainly believe that
1 einem Dieb	object
2 jemand	subject
Ihr	cp. Das wohlfeile Mittagessen (no. 8), ftn. 1. 14
4 meint Ihr	do you think so?
5 meine Herren daheim	[my masters at home], the authorities at home

34

die Wunderlichkeit	strangeness, capriciousness
die Herrschaft, -en	employer, master
das Gesinde	domestics, servants
geschwind	quickly, swiftly
draußen	outside
sauber	clean, spotless
das Gelüst, -e <u>or</u> das Gelüste, -	appetite, desire
gestehen, a, a	to admit, confess
der, die, das nämliche	the same
der Edelmann, ¨er	nobleman
das Morgenrot	(red of) dawn
der Duft, ¨e	fragrance, sweet scent
deswegen	for that reason, therefore
jmdm. befehlen, a, o, ie	to command, order s.o.
wecken	to wake, rouse

Wunderlichkeit

Es gibt so wunderliche Herrschaften, daß es niemand bei ihnen aushalten könnte, wenn es nicht ebenso schlaues Gesinde gäbe.

5 Einer verlangte früh im Bette ein Glas voll Wasser von seinem Bedienten. Das Wasser war nicht frisch genug. «Geschwind ein anderes.» Der Bediente stellte das Glas draußen auf den Tisch und holte dem Herrn ein zweites. Das Glas war noch nicht sauber genug. «Geschwind ein anderes.» Der Bediente stellte es draußen 10 auf den Tisch und holte ein drittes. Das Wasser war nicht rein genug. «Geschwind ein anderes.» Der Bediente stellte das dritte auf den Tisch und brachte das erste wieder. Das trank sein Herr mit großem Gelüste. «Hättest du mir dieses nicht gleich zuerst bringen kön- 15 nen? Geschwind noch so eins!» Da brachte ihm der Bediente das zweite wieder, und also auch das dritte, und gestand nachgehends seinem Herrn, daß es immer das nämliche gewesen sei.

Ein anderer, ein junger Edelmann, hätte fürs Leben 20 gern Freude gehabt am Morgenrot und am frischen Maienduft und Vogelgesang untereinander, wenn er nicht noch größeres Vergnügen gefunden hätte am Schlafen. Deswegen befahl er seinem Bedienten, daß er ihn jeden Morgen um fünf Uhr wecken und ihm keine Ruhe lassen sollte,

---

14-15 Hättest --- können?   Couldn't you have brought me this (glass of water) right away?

17 nachgehends   afterwards

17-18 daß --- sei   that it had always been the same (glass of water as before)

19-20 hätte --- gehabt   would have given anything to enjoy

19-21 hätte fürs Leben gern Freude gehabt am Morgenrot und am frischen Maienduft und Vogelgesang untereinander = hätte fürs Leben gern am Morgenrot und am frischen Maienduft und Vogelgesang untereinander Freude gehabt

21 Vogelgesang untereinander   birds singing among themselves

21-22 wenn er nicht noch größeres Vergnügen gefunden hätte am Schlafen = wenn er nicht noch größeres Vergnügen am Schlafen gefunden hätte

auf/stehen, a, a	to get up
davon/tragen, u, a, ä	to catch
gebrauchen	to use, employ
die List, -en	cunning
an/streichen, i, i	to paint
der Rücken, -	back
zu/decken	to cover
erwachen	to wake up
das Dach, ⸚er	roof
heraus/fahren aus, u, a, ä	to jump out of
zornig	angry
los/fahren auf, u, a, ä	to rush at
die Gewalt, -en	force
besehen, a, e, ie	to have a look at, examine
der Spiegel, -	mirror
die Strieme, -n or der Striemen, -	stripe, streak
jmdn. zerschlagen, u, a, ä	to beat s.o. unmercifully, black and blue

25 bis er aufstünde. «Und sollt's zu Schlägen kommen»,
sagte er, «aber es bleibt unter uns.» Item, zu Schlägen kam es fast allemal, aber wer sie davontrug, war
der Bediente, und war's nicht früh um fünf, wenn er den
Herrn weckte, so war es vormittags um zehn oder elf Uhr,
30 wenn er ihn schlafen ließ, ausgenommen denn, der Bediente gebrauchte eine List. Eines Morgens, als der Herr
noch so ganz fest zu schlafen schien, strich er ihm die
Achsel und den Rücken, soweit er zukommen konnte, mit
roter und blauer Farbe an und deckte ihn wieder zu. Um
35 zehn Uhr, als der Herr erwachte und die Sonne schon
hoch über das Kirchendach herabschaute, fuhr er zornig
aus dem Bette heraus und auf den Bedienten los. «Warum
hast du mich heute nicht geweckt?» - «Hab' ich Euch nicht
geweckt? Warum seid Ihr nicht aufgestanden?» - «Warum
40 hast du nicht Gewalt gebraucht?» - «Hab' ich Euch nicht
braun und blau geschlagen? Beseht nur Eure Achsel in
dem Spiegel.» Als aber der Herr in dem Spiegel die blau-
en und roten Striemen sah, ward sein Zorn zufrieden und
legte sich. «Das laß dir gut sein», sagte er zu dem Be-
45 dienten, «daß du mich so zerschlagen hast.»

25	aufstünde	= aufstände
und ---	sollt's (= sollte es) kommen	[and even if it should get to the point of a beating], and even if I should come in for a beating
26	es bleibt unter uns	we shall keep this between ourselves
item		(Lat., obs.) (here) in short
27	allemal	every time
wer		the one who
28-29 so	und war's nicht ...,	and if it wasn't ... then
30	ausgenommen denn	unless
33	soweit --- konnte	as far as he could reach
38	Euch	cp. Das wohlfeile Mittagessen (no. 8), ftn. 1. 14
41	braun	(here) black
43-44	ward --- sich	his anger was appeased and it subsided
44	das laß dir gut sein	fortunately for you

die Ohrfeige, -n	box on the ear, slap (in the face)
dazu/kommen, a, o	to appear (on the scene)
lügen, o, o	to lie
bisweilen	sometimes, now and then
der Betrunkene, -n, -n	drunken man, drunk
die Überlegung, -en	judgment, (careful) thought
gewöhnlich	usual
der Pfad, -e	path
dicht neben	close by
fort/laufen, ie, au, äu	to extend
jmdm. begegnen	to encounter s.o.
menschenfreundlich	kind, philanthropic
der Notleidende, -n, -n	person in distress
sich jmds. an/nehmen, a, o, i	to take care of, look after s.o.
bequem	convenient; comfortable
trocken	dry
der Bach, ¨e	brook, stream

Die Ohrfeige

Ein Büblein klagte seiner Mutter: «Der Vater hat
mir eine Ohrfeige gegeben.» Der Vater aber kam dazu
und sagte: «Lügst du wieder? Willst du noch eine?»

Der sicherste Weg

Bisweilen hat selbst ein Betrunkener noch eine
Überlegung oder doch einen guten Einfall, wie einer,
der auf dem Heimweg aus der Stadt nicht auf dem ge-
wöhnlichen Pfad, sondern gerade in dem Wasser ging, das
5 dicht neben dem Pfade fortläuft. Ihm begegnete ein men-
schenfreundlicher Herr, der gerne der Notleidenden und
Betrunkenen sich annimmt und wollte ihm die Hand rei-
chen. «Guter Freund», sagte er, «merkt Ihr nicht, daß
Ihr im Wasser geht? Hier ist der Fußpfad!» Der Be-
10 trunkene erwiderte, sonst finde er's auch bequemer auf
dem trockenen Pfad zu gehen, aber diesmal habe er ein
wenig auf die Seite geladen. «Eben deswegen», sagte
der Herr, «will ich Euch aus dem Bache heraushelfen!»
«Eben deswegen», erwiderte der Betrunkene, «bleib' ich
15 drin. Denn wenn ich im Bach gehe und falle, so falle
ich auf den Weg. Wenn ich aber auf dem Weg falle, so
fall' ich in den Bach.» So sagte er, und klopfte mit

1	das Büblein	dimin. of Bube
2	oder doch	or at least
	wie einer	[as for instance s.o.], as for instance one particular drunk
8	Ihr	cp. Das wohlfeile Mittagessen (no. 8), ftn. 1. 14
11-12	auf die Seite ge-laden haben	to be top-heavy
12	eben deswegen	for this very reason; that is why
15	drin	= darin
17	klopfen	(here) to tap

40

der Zeigefinger, -	forefinger, index finger
die Stirn, -en	forehead, brow
der Rausch, ⸚e	intoxication, drunkenness

dem Zeigefinger auf die Stirne, nämlich daß darin außer
dem Rausch auch noch etwas mehr sei, woran ein anderer
20 nicht denke.

18-20 nämlich --- denke   [that is to say, that in it
                           (his head) there was besides
                           intoxication, also still s.th.
                           more, (s.th.) of which s.o.
                           else was not thinking], to in-
                           dicate that it would not occur
                           to s.o. else that, despite his
                           intoxication, he was still able
                           to think

QUESTIONS

Das wohlfeile Mittagessen

lauten	to read, be worded
bestellen	to order
wertlos	worthless
die Münze, -n	coin
sich zufrieden/geben, a, e, i	to be satisfied with
jmdm. einen Streich spielen	to play a trick on s.o.
mit jmdm. konkurrieren	to compete with s.o.
betrügen, o, o	to deceive, cheat
der Vorfall	incident, event
sich mit jmdm. vertragen, u, a, ä	to settle o's differences with a p.

(1) Wie lautet ein altes Sprichwort?

(2) Wie war der Gast gekleidet, der zu dem Löwenwirt kam?

(3) Was verlangte der Gast kurz und protzig für sein Geld?

(4) Was bestellte der Gast dann?

(5) Was fragte der Wirt den Gast ganz höflich?

(6) Womit wollte der Gast den Wirt bezahlen?

(7) Wieviel wollte der Wirt haben?

(8) Warum mußte sich der Löwenwirt mit dem Geld, das ihm
     der Gast anbot, zufriedengeben?

(9) Warum wollte der Löwenwirt dem Gast das Mittagessen und noch dazu ein 24-Kreuzer-Stück schenken?

(10) Warum lebten der Löwenwirt und der Bärenwirt in
Unfrieden?

(11) Was sagte der Gast zu dem Löwenwirt, nachdem er
das Geld von ihm angenommen hatte?

(12) Was hätten der Löwenwirt und der Bärenwirt tun
sollen, nachdem der Fremde beide betrogen hatte?

Das Mittagessen im Hof

halten für, ie, a, ä	to take for
streng	strict
nachgiebig	indulgent
der Diener, -	(man)servant
behandeln	to treat
die Stimmung	mood
die Laune	mood
an (einer Sache) etwas auszusetzen haben	to find fault with (a th.)
daraufhin	thereupon
angeblich	supposedly
insgeheim	secretly

(1) Worüber klagt man häufig?

(2) Was sind viele Menschen, die man für schlimm hält?

(3) Wie kann man diese Menschen wieder zur Besinnung
bringen?

(4) Wer hat wen einmal wieder zur Besinnung gebracht?

(5) Wie behandelte der Herr seinen Diener?

(6) In welcher Stimmung kam der Herr einmal nach Hause?

(7) Was hatte der Herr an dem Mittagessen auszusetzen?

(8) Was machte der Herr mit der Schüssel?

(9) Was tat der Diener daraufhin?

(10) Was war die Reaktion des Herrn?

(11) Warum hatte der Diener angeblich alles in den Hof
hinabgeworfen?

(12) Was erkannte der Herr jetzt?

43

(13) Worüber lächelte der Herr heimlich?

(14) Wofür dankte der Herr seinem Diener insgeheim?

Seltsamer Spazierritt

der Junge, -n, -n	boy
die Meinung	opinion
die Stange, -n	pole, stake
die Lage	situation, position
geraten, ie, a, ä	to get into

(1) Was muß der Junge tun, während sein Vater auf dem Esel reitet?

(2) Welcher Meinung ist der erste Wandersmann?

(3) Warum sagte der zweite Wandersmann, daß der Vater reiten, der Junge aber zu Fuß gehen solle?

(4) Was sagte der dritte Wandersmann, als er Vater und Sohn auf dem Esel reiten sah?

(5) Was machten Vater und Sohn dann?

(6) Warum sagte der vierte Wandersmann, daß Vater, Sohn und Esel kuriose Gesellen seien?

(7) Was machten Vater und Sohn schließlich mit dem Esel?

(8) Wie sind Vater und Sohn in diese dumme Lage geraten?

Moses Mendelsohn

die Anstellung	employment, job
tätig sein bei	to work for
sich aus/zeichnen durch	to distinguish o.s. by
besonders	especially
die Eigenschaft, -en	attribute
bereiten	to give (trouble, etc.)
die Schwierigkeit, -en	difficulty
jmdn. besuchen	to visit, call on s.o.
klug	intelligent
jmdm. kündigen	to give s.o. notice

(1) Was für eine Anstellung hatte Moses Mendelssohn gefunden?

44

(2) Wodurch zeichnete sich der Kaufmann, bei dem Moses Mendelssohn tätig war, nicht aus?

(3) Welche Eigenschaften hatte Moses Mendelssohn?

(4) Von wem wurde Moses Mendelssohn hoch geachtet und geliebt?

(5) Was bereitete Moses Mendelssohn große Schwierigkeiten, als ihn eines Tages ein Freund besuchte?

(6) Warum tut es dem Freund leid, daß Moses Mendelssohn bei dem Kaufmann als Handlungsgehilfe arbeitet?

(7) Was hätte jemand anders an Moses Mendelssohns Stelle getan?

(8) Warum hat Gott Moses Mendelssohn an den richtigen Platz gestellt?

Ein teurer Kopf und ein wohlfeiler

der Aufstand, ⸚e   insurrection, rebellion

(1) Was geschah eines Tages, als der letzte König von Polen noch regierte?

(2) Was tat einer der Fürsten?

(3) Warum schrieb der Fürst an den König?

(4) Warum hat der Brief des Fürsten dem König einiges Vergnügen gemacht?

(5) Wieviel gilt der Kopf des Rebellen dem König von Polen?

Der geduldige Mann

stillen   to appease

abwechselnd   alternately, by turns

jmdm. etwas aus/richten   to give a p. a message

(1) Wie fühlte sich der Mann, als er eines Nachmittags nach Hause kam?

(2) Was hätte der Mann gern gegessen?

(3) Wer hatte im Haus mehr zu sagen als der Mann?

(4) Warum war es dem Mann nicht möglich, seinen Hunger zu stillen?

(5) Wo schickte der Mann die Magd und den Knecht abwechselnd hin?

(6) Was sollten die Magd und der Knecht ausrichten?

(7) Was sagte die Frau jedesmal?

(8) Was machten der Knecht und der Mann endlich, als es der Mann vor Hunger kaum noch aushalten konnte?

(9) Was tat die Frau?

Der schlaue Mann

übernachten	to spend the night
ehe	before
die Angel, -n	(door)hinge

(1) Warum schloß die Frau ihrem Mann die Tür zu?

(2) Wo mußte der Mann wohl oder übel übernachten?

(3) Was machte der Mann am nächsten Tag, ehe er ins Wirtshaus ging?

(4) Wann kam der Mann wieder nach Hause?

(5) Was hat die Frau nie mehr getan?

(6) Wie hat die Frau ihren Mann später gebessert?

Zwei honette Kaufleute

Norddeutschland	northern Germany
billig	cheap
gewitzt	sly, cunning

(1) Wo liegt Hamburg?

(2) An welchem Fluß liegt Hamburg?

(3) Wieviel hatte der eine Besenbinder verkauft?

(4) Wieviel hatte der andere Besenbinder verkauft?

(5) Was kann der zweite Besenbinder nicht begreifen?

(6) Warum ist der erste Besenbinder gewitzter als der zweite?

Des Diebes Antwort

die Weise, -n	manner, way
vornehm tun, a, a	to put on airs
große Töne reden	to talk big
erlauben	to allow, permit
zurück/kehren	to return
die Behörde, -n	authority, (often plur.) the authorities

46

das Gefängnis, -se   jail, prison

(1) Auf welche Weise wollte der Dieb vornehm tun?

(2) Was erlaubt man dem Dieb nicht mehr?

(3) Worüber muß der Dieb froh sein?

(4) Warum würde man den Dieb nicht mehr fortlassen, wenn er in sein eigenes Land zurückkehrte?

Wunderlichkeit

A

der Diener, -	(man)servant
ab/lehnen	to decline, refuse (a th.)
sich weigern	to refuse, decline (to do)
schließlich	finally
schmecken	to taste
dieses Wasser schmeckt mir	I like, enjoy this water
vor/setzen	to offer, serve

(1) Wie kann das Gesinde es bei mancher Herrschaft oft nur aushalten?

(2) Was verlangte ein Herr eines Morgens von seinem Diener?

(3) Warum wollte der Herr das erste Glas Wasser nicht?

(4) Warum lehnte der Herr auch das zweite Glas Wasser ab?

(5) Warum weigerte sich der Herr, das dritte Glas Wasser anzunehmen?

(6) Was hatte der Diener mit dem ersten, dem zweiten und dem dritten Glas Wasser gemacht?

(7) Was machte der Diener später?

(8) Wie schmeckte dem Herrn das Wasser jetzt?

(9) Was gestand der Diener seinem Herrn später?

B

sich vergnügen an (+ dat.)	to take pleasure in
die Absicht, -en	intention
gelingen, a, u	to succeed
beweisen, ie, ie	to prove

zornig   angry
(1) Woran hätte sich ein junger Edelmann gern vergnügt?
(2) Was stand der Absicht des Edelmanns im Wege?
(3) Wann sollte der Diener seinen Herrn aufwecken?
(4) Wie lange soll der Diener seinem Herrn keine
     Ruhe lassen?
(5) Was soll der Diener tun, wenn es ihm nicht gelingt,
     seinen Herrn zu wecken?
(6) Was geschah, wenn der Diener seinen Herrn früh um
     fünf Uhr weckte oder wenn er ihn bis zehn oder elf
     Uhr schlafen ließ?
(7) Was machte der Diener eines Morgens, als der Herr
     noch ganz fest zu schlafen schien?
(8) Wie wollte der Diener seinem Herrn beweisen, daß
     er ihn braun und blau geschlagen hatte?
(9) Wann war der Herr nicht mehr zornig?

Die Ohrfeige

sich beklagen bei   to complain to

der Junge, -n, -n   boy

jmdm. etwas vor/halten,   to reproach s.o. with s.th.
ie, a, ä

bestrafen   to punish

(1) Warum beklagt sich der Junge bei seiner Mutter?
(2) Was hält der Vater dem Jungen vor?
(3) Wie will der Vater den Jungen bestrafen?

Der sicherste Weg

manchmal   sometimes

spazieren   to walk, stroll

sich weigern   to refuse

an/nehmen, a, o, i   to accept

(1) Wer hat manchmal auch einen guten Einfall?
(2) Was sah ein Herr, als er vor der Stadt auf einem
     Weg spazierte?
(3) Was wollte der mitleidige Herr tun?
(4) Warum weigert sich der Betrunkene, die Hilfe des
     mitleidigen Herrn anzunehmen?

(5) Was würde passieren, wenn der Betrunkene auf dem Weg ginge und hinfiele?

widerstandsfähig	hardy, sturdy
die Gärtnerdirn	gardener's girl, helper
vergebens	in vain
die Zauberei	magic, witchcraft
der Schatz, ¨e	treasure
die Ursache, -n	cause, reason
jmdm. etwas vor/spiegeln	to make s.o. believe s.th.
der Laden, ¨	shop, store
erlangen	to obtain
sich fort/machen	to depart, leave
die Geliebte	sweetheart, love; mistress
betrügerisch	fraudulent
eilen	to hurry
die Kammer, -n	(small) room

KARL HEINRICH RITTER VON LANG (1764-1835)

Die widerstandsfähige Gärtnerdirn

Ein Gärtner in der Vorstadt Wöhrd bei Nürnberg versuchte vergebens alle möglichen Zaubereien, um damit
Schätze zu heben. Ursache, wie ihm andere Gesellen vor-
spiegelten, wäre, weil er das rechte Verschwörungsbüch-
5 lein des Cornelius Agrippa nicht habe, welches aber zu
Ulm in einem Bücherladen zu erlangen sei. Er macht sich
also festgläubig mit seiner Geliebten, einer Gärtners-
dirne, in einem Wägelein fort, erlangt in Ulm wirklich
das Büchlein um den betrügerischen Preis von vier Karo-
10 linen, eilt nach Haus in die Kammer seines Geisterhauses,

<u>1</u> Nürnberg	Nuremberg, city in north cen- tral Bavaria, on the Pegnitz river
<u>3</u> Ursache	= die Ursache
<u>4-6</u> wäre ... habe ... sei	indirect discourse
<u>4</u> weil	= daß
<u>4-5</u> das Verschwörungsbüch- lein = Beschwörungsbüchlein	conjuring book
<u>5</u> Cornelius Agrippa	Heinrich Cornelius Agrippa von Nettesheim (1486-1535). German physician and philosopher. One of his principal works, <u>De oc- culta philosophia</u>, is a defense of magic, through which man may gain knowledge of God and na- ture. Agrippa's interest in magic brought him into conflict with the Church.
<u>6</u> Ulm	city in Baden-Württemberg, South Germany, on the Danube
<u>7</u> festgläubig	firmly believing (everything he has been told)
<u>8</u> Wägelein	dimin. of Wagen
<u>9-10</u> der Kar(o)lin	a Bavarian gold coin (no longer in circulation), first struck in 1732 by Karl Philipp, Elec- tor Palatine
<u>10</u> Geisterhaus	eerie house

sogleich	immediately
der Kreis, -e	circle
die Kerze, -n	candle
auf/stecken	to put (a candle) into a candlestick
die Bestürzung	consternation
die Beschwörungsformel	incantation
zurecht/kommen, a, o	to get on, manage
lateinisch	Latin
verrucht	wicked
trösten	to console
der Teufel, -	devil
die Beschwörung, -en	magical invocation
sich fügen	to yield
opfern	to sacrifice
bayerisch	Bavarian
das Herzogtum, ̈-er	duchy
die Dirne, -n	girl
an/halten, ie, a, ä	to stop
das Fuhrwerk, -e	vehicle
aus/steigen, ie, ie	to get off
versetzen	to give, deal
anstoßend	adjacent
der Teich, -e	pond
etliche	a few, several
entdecken	to discover
die Vorübergehenden	passers-by
der Leichnam, -e	corpse
alsbald	presently
das Gericht, -e	court (of justice); law
der Gerichtsarzt, ̈-e	medical examiner
herbei/kommen, a, o	to approach

um sogleich die vorgemalten Kreise zu machen und die
Kerzen aufzustecken, kann aber zu seiner Bestürzung mit
der eigentlichen Beschwörungsformel nicht zurechtkommen,
weil sie lateinisch ist. Ein neuer verruchter Ratgeber
15 tröstet ihn, der Teufel würde sich auch ohne Beschwörung
fügen, wenn er ihm eine Menschenseele opfere. Mitten
auf der Straße, im bayerischen Herzogtum Neuburg, wohin
er mit seiner Dirne gefahren, hält er sein Fuhrwerk, neben dem er hergegangen war, an, befiehlt ihr auszustei-
20 gen, versetzt ihr mit einem Hammer vierunddreißig Schlä-
ge auf den Kopf, wirft sie dann in einen anstoßenden
Teich und zieht seinen Weg weiter nach Schwabach. Nach
etlichen Stunden entdecken Vorübergehende den Leichnam
im Wasser, ziehen ihn heraus und machen Lärm, auf den
25 alsbald das Gericht mit einem Gerichtsarzt herbeikommt.

---

11 vorgemalt   (here) prescribed

17 Herzogtum Neuburg   a former principality in south-
(= Pfalz-Neuburg)   ern Germany; its capital was
                               Neuburg an der Donau, a town
                               northeast of Ulm

18 gefahren   = gefahren war

18-19 hält ... sein Fuhr-   = hält ... sein Fuhrwerk an,
werk, neben dem er herge-   neben dem er hergegangen war
gangen war, an

22 seinen Weg weiterziehen   to continue o's way toward
nach

Schwabach   town south of Nuremberg

24 Lärm machen = Lärm   to sound the alarm
schlagen

auf den   [upon which], whereupon

54

der Arzt, ⸚e	physician
untersuchen	to examine
befinden für, a, u	to judge, deem
samt und sonders	the whole lot, one and all
jedoch	however
die Sektion, -en	dissection; post-mortem examination
vollends	besides, moreover
die Beerdigung, -en	funeral, burial
die Rumpelkammer, -n	storeroom
töten	to kill, put to death
der Laden, ⸚ or - = der Fensterladen	shutter
fort/setzen	to continue
jmdm. vor das Angesicht treten, a, e, i	to appear to s.o.
die Schreckensgestalt	terrifying apparition
arg	bad, evil, ill
die Schuld auf jmdn. schieben, o, o	to blame s.o.
wirken	to work, take effect
stillend	alleviating, soothing

Der Arzt untersucht die Wunden, befindet sie alle vierunddreißig samt und sonders, jedoch ohne weitere Sektion,
vollends bei der noch hinzugetretenen Ersäufung im Teiche für absolut tödlich und läßt den Körper bis zum Ta-
30 ge der Beerdigung in eine Rumpelkammer werfen. In dieser erwacht die vierunddreißigmal absolut Getötete des
Nachts, weiß nicht, wo sie ist, öffnet den Laden, steigt
zum Fenster hinaus, setzt den Weg nach Schwabach fort,
und tritt dort ihrem an einem Tische sitzenden Mörder
35 als eine Schreckensgestalt vor das Angesicht; hat auch
noch lange gelebt, ohne daß der bayerische Gerichtsarzt daraus ein Arges gehabt, welcher die Schuld, daß
seine vierunddreißig absolut tödlichen Wunden nicht
besser gewirkt, auf die stillende Kraft des Wassers im
40 Teiche geschoben.

---

28 die noch hinzugetretene   the subsequent drowning
Ersäufung

31-32 des Nachts   (gen.) during the night

34-35 und tritt --- das   and appears there as a terri-
Angesicht   fying apparition to her mur-
   derer who is sitting at a table

35 hat   = sie hat

36-37 ohne --- gehabt   this fact having no grave con-
(hätte)   sequences for the Bavarian
   medical examiner

38 seine   = die

39 gewirkt   = gewirkt hatten

40 geschoben   = geschoben hat

QUESTIONS

angeblich	(adv.) supposedly
das Zauberbuch, ¨-er	conjuring book
zurück/kehren	to return
vorgeschrieben	prescribed
die Zauberformel	magic formula
verworfen	depraved, vile
darauf	after that
die Leiche, -n	corpse
erklären	to declare

das Begräbnis, -se	funeral
scheintot	seemingly dead
gelangen aus	to get out of
die Abstellkammer, -n	storeroom
hin/treten vor, a, e, i	to appear before
die Schwierigkeit, -en	difficulty, trouble
entstehen, entstand, entstanden	to arise, come about
der Vorfall, ⁝e	incident, event
heilen	to heal

(1) Wie will der Gärtner Schätze heben?

(2) Warum kann der Gärtner angeblich keine Schätze heben?

(3) Warum fährt der Gärtner nach Ulm?

(4) Mit wem fährt er nach Ulm?

(5) Was machte der Gärtner, nachdem er nach Hause zurückgekehrt war?

(6) Warum kann der Gärtner mit der Zauberformel nicht zurechtkommen?

(7) Was riet ein verworfener Mensch dem Gärtner darauf?

(8) Wo hält der Gärtner sein Fuhrwerk an?

(9) Was befiehlt der Gärtner seinem Mädchen?

(10) Was machte der Gärtner dann mit seinem Mädchen?

(11) Warum schlugen einige Vorübergehende Lärm?

(12) Wer kam bald herbei?

(13) Was erklärte der Arzt, nachdem er die Wunden untersucht hatte?

(14) Wo ließ der Arzt die Leiche bis zum Tage des Begräbnisses hinbringen?

(15) Was geschah dort?

(16) Wie gelangte das Mädchen aus der Abstellkammer?

(17) Wo ging es dann hin, und was machte es dort?

(18) Wie alt ist die Gärtnerin geworden?

(19) Welche Schwierigkeiten entstanden für den Gerichtsarzt aus dem Vorfall?

(20) Was soll die Gärtnerin geheilt haben?

ehemalig	former, late
erschlagen, u, a, ä	to kill
bescheiden	modest
worauf	whereupon, after which
unmittelbar darauf	immediately afterwards
der Blitz, -e	lightning
die Gräfin, -nen	countess
bejahrt	elderly
die Dame, -n	lady
bösartig	wicked
besonders	especially
der Untergebene, -n, -n	subject, subordinate
die Grausamkeit, -en	cruelty
quälen	to torment
vermachen (+ dat.)	to bequeath, will
das Vermögen	estate, assets
der Gottesacker	churchyard, graveyard
kostbar	splendid; expensive

HEINRICH VON KLEIST (1777-1811)

Tagesbegebenheit

Dem Kapitän v. Bürger, vom ehemaligen Regiment Tauentzien, sagte der auf der neuen Promenade erschlagene
Arbeitsmann Brietz, der Baum, unter dem sie beide stän-
den, wäre auch wohl zu klein für zwei, und er könnte
5 sich wohl unter einen andern stellen. Der Kapitän Bürger, der ein stiller und bescheidener Mann ist, stellte
sich wirklich unter einen andern: worauf der Brietz un-
mittelbar darauf vom Blitz getroffen und getötet ward.

Der Griffel Gottes

In Polen war eine Gräfin von P ...., eine bejahrte
Dame, die ein sehr bösartiges Leben führte, und besonders ihre Untergebenen, durch ihren Geiz und ihre Grau-
samkeit, bis auf das Blut quälte. Diese Dame, als sie
5 starb, vermachte einem Kloster, das ihr die Absolution
erteilt hatte, ihr Vermögen; wofür ihr das Kloster, auf
dem Gottesacker, einen kostbaren, aus Erz gegossenen

die Tagesbegebenheit	current event
1 dem Kapitän v. Bürger	object
v. = von	denoting nobility
1-2 Tauentzien	Friedrich Bogislaw von Tau-entzien (1710-1791); Prussian general
2-3 der --- Arbeitsmann Brietz	subject; add «später» after «sagte der»
3-5 der Baum --- stellen	Brietz and von Bürger are seeking shelter under the same tree because of a thunderstorm.
4 wohl	denoting an assumption
er	= Kapitän von Bürger
5 wohl	intensifier
8 ward	= wurde
der Griffel, -	slate pencil; (here) pen
4 bis auf das Blut	to the utmost
5-6 Absolution erteilen (+ dat.)	to grant absolution
7 aus Erz gegossen	cast in bronze

60

der Leichenstein = der Grabstein	headstone
der Umstand, ¨e	circumstance, fact
das Gepränge	pomp, ostentation
die Erwähnung	mention
ein/schlagen, u, a, ä	to strike
das Erz	metal
schmelzen, o, o, i	to melt
die Anzahl	number
der Buchstabe, -ns, -n	letter
lauten	to run, read
richten	to judge
der Vorfall, ¨e	incident
der Schriftgelehrte, -n, -n	(Bibl.) scribe, theologian
erklären	to explain
samt (+ dat.)	with, together with
besagt	aforementioned
die Inschrift, -en	inscription

Berliner	(adj.) Berlin
die Glocke, -n	bell
heillos	hopeless
unverbesserlich	incorrigible
der Säufer, -	drunkard
unendlich	endless
deshalb	for that reason
die Aufführung	behavior, conduct
der Brannt(e)wein	brandy
sich enthalten, ie, a, ä (+ gen.)	to abstain from
besoffen	(colloq.) drunk
der Rennstein = der Rinnstein	gutter
der Unteroffizier, -e	noncommissioned officer

Leichenstein setzen ließ, auf welchem dieses Umstandes,
mit vielem Gepränge, Erwähnung geschehen war. Tags dar-
10 auf schlug der Blitz, das Erz schmelzend, über den Leichenstein ein, und ließ nichts als eine Anzahl von Buch-
staben stehen, die, zusammengelesen, also lauteten: sie
ist gerichtet! - Der Vorfall (die Schriftgelehrten mögen
ihn erklären) ist gegründet; der Leichenstein existiert
15 noch, und es leben Männer in dieser Stadt, die ihn samt
der besagten Inschrift gesehen.

Der Branntweinsäufer und die Berliner Glocken

Eine Anekdote

Ein Soldat vom ehemaligen Regiment Lichnowsky, ein
heilloser und unverbesserlicher Säufer, versprach nach
unendlichen Schlägen, die er deshalb bekam, daß er seine
Aufführung bessern und sich des Branntweins enthalten
5 wolle. Er hielt auch, in der Tat, Wort, während drei
Tage: ward aber am vierten wieder besoffen in einem
Rennstein gefunden, und, von einem Unteroffizier, in

8-9	auf welchem --- war	[on which, with much pomp, mention of this fact had happened], on which this fact was ostentatiously inscribed
9-10	tags darauf	the following day
11	nichts als	nothing but
14	gegründet = belegt	verified, documented
16	gesehen	= gesehen haben

Branntweinsäufer		brandy tippler
1	Lichnowsky	Eduard Prinz von Lichnowsky (1780-1845)
5	in der Tat	in fact, indeed
5-6	während drei Tage	= drei Tage (lang)
6	ward	= wurde

das Verhör, -e	interrogation
der Vorsatz, ⸚e	intention, resolution
uneingedenk	unmindful, forgetful of
das Laster, -	vice, evil
sich ergeben, a, e, i	to yield, surrender to
der Hauptmann	captain
die Kiste, -n	box
läuten	to ring
der Dom, -e	cathedral
gedenken, gedachte, gedacht (+ gen.)	to remember
ab/geben, a, e, i	to deliver
sich aus/ruhen	to rest (o.s.)
das Rathaus, ⸚er	town hall
bimmeln	to tinkle
der Turm, ⸚e	tower

Arrest gebracht. Im Verhör befragte man ihn, warum er,
seines Vorsatzes uneingedenk, sich von neuem dem Laster
10 des Trunks ergeben habe? «Herr Hauptmann!» antwortete
er, «es ist nicht meine Schuld. Ich ging in Geschäften
eines Kaufmanns, mit einer Kiste Färbholz, über den
Lustgarten; da läuteten vom Dom herab die Glocken:
"Pommeranzen! Pommeranzen! Pommeranzen!" Läut, Teufel,
15 läut, sprach ich, und gedachte meines Vorsatzes und
trank nichts. In der Königsstraße, wo ich die Kiste abgeben sollte, steh ich einen Augenblick, um mich auszu-
ruhen, vor dem Rathaus still: da bimmelt es vom Turm
herab: "Kümmel! Kümmel! Kümmel! - Kümmel! Kümmel! Küm-
20 mel!" Ich sage, zum Turm: bimmle du, daß die Wolken

11-12	in --- Kaufmanns	on an errand for a merchant
12	Färbholz	dyewood; a wood from which color for dyeing is extracted
13	Lustgarten	The «Lustgarten» [pleasure garden], located in the center of the city, was part of the grounds belonging to the Berlin Castle. The ruins of the castle, which was gutted by fire in a bombing raid on February 3, 1945, were torn down in 1950. The area around the castle, including the «Lustgarten», was turned into a huge square called Marx-Engels-Platz, now used by the German Democratic Republic for public demonstrations.
	Dom	the cathedral, erected between 1894 and 1905, is located to the north of the former castle
14	Pommeranzen = Pomeranzen	(here) orange brandy
14, 17	läut, steh	= läute, stehe
18	Rathaus	located to the east of the present Marx-Engels-Platz
19	Kümmel	kümmel; a brandy flavored with caraway seeds
20	bimmle du	imperative; the pronoun is used for special emphasis
20-21	daß die Wolken reißen	[that the clouds burst], that the heavens fall down

durstig	thirsty
drauf = darauf	after that, next
der Rückweg	the way back, way home
die Kneipe, -n	tavern
beisammen	together
das Begräbnis, -se	funeral
Anstalten machen (zu)	to make arrangements (for)
gewohnt	accustomed
besorgen	to attend to
dergestalt, daß	to such an extent that
der Trauerflor	mourning crape; mourning band

reißen - und gedenke, mein Seel, gedenke meines Vorsatzes, ob ich gleich durstig war, und trinke nichts.
Drauf führt mich der Teufel, auf dem Rückweg, über den
Spittelmarkt; und da ich eben vor einer Kneipe, wo mehr
25 denn dreißig Gäste beisammen waren, stehe, geht es, vom
Spittelturm herab: "Anisette! Anisette! Anisette!" Was
kostet das Glas? frag ich. Der Wirt spricht: Sechs
Pfennige. Geb er her, sag ich - und was weiter aus mir
geworden ist, das weiß ich nicht.»

Anekdote

Bach, als seine Frau starb, sollte zum Begräbnis
Anstalten machen. Der arme Mann war aber gewohnt, alles durch seine Frau besorgen zu lassen, dergestalt,
daß, da ein alter Bedienter kam, und ihm für Trauerflor,

21	mein Seel = bei meiner Seele	upon, by my soul!
22	ob ich gleich = obgleich ich	although I
24	Spittelmarkt	this square lies south of the Marx-Engels-Platz
24-25	wo mehr denn	= wo mehr als
26	Anisette	anise-flavored liqueur
27	frag	= frage
28	der Pfennig	pfennig; a small coin
	geb er her = gebe Er her	subjunctive imperative; «Er» (3rd pers. sing.) was once used as a polite form of ad- dress between common people and by persons of rank or good social standing when addressing members of the lower ranks of society.

1	Bach	This anecdote does not refer to Johann Sebastian Bach (1685-1750), as Kleist asserts, but rather to the composer Georg Benda (1722-1795).
4	da	= als

66

ab/fordern (+ dat.)	to ask for, demand
begleiten	to accompany
regnicht = regnerisch	rainy
der Galgen, -	gallows
der Verurteilte, -n, -n	condemned man
unterwegs	on the way
mehrmal(s)	several times
der Lump, -en, -en	wretch, scoundrel
bloß	(adv.) merely, only
empfinden, a, u	to experience
öde	bleak, dreary
der Richtplatz	place of execution

5 den er einkaufen wollte, Geld abforderte, er unter stillen Tränen, den Kopf auf einen Tisch gestützt, antwortete: «sagts meiner Frau.» -

Anekdote

Ein Kapuziner begleitete einen Schwaben bei sehr
regnichtem Wetter zum Galgen. Der Verurteilte klagte
unterwegs mehrmal zu Gott, daß er, bei so schlechtem
und unfreundlichem Wetter, einen so sauren Gang tun müs-
5 se. Der Kapuziner wollte ihn christlich trösten und sagte: du Lump, was klagst du viel, du brauchst doch bloß
hinzugehen, ich aber muß, bei diesem Wetter, wieder zurück, denselben Weg. - Wer es empfunden hat, wie öde einem, auch selbst an einem schönen Tage, der Rückweg vom
10 Richtplatz wird, der wird den Ausspruch des Kapuziners
nicht so dumm finden.

<u>5-6</u> unter stillen Tränen	[with (secret) tears in his eyes], weeping silently, in silent grief
<u>6</u> den Kopf auf einen Tisch gestützt	[resting his head on a table], resting his chin (<u>or</u> cheek) in his hand, with his elbow on the table
<u>7</u> sagts	= sagt es
<u>1</u> der Kapuziner, -	Capuchin monk. The members of this particular Franciscan order all wear the capuche.
der Schwabe, -n, -n	Swabian. Swabia is a region in southwestern Germany.
<u>3-5</u> daß er ... einen so sauren Gang tun müsse	indirect discourse; that he had to undertake such an arduous walk
<u>5</u> christlich	in a Christian way
<u>6</u> was klagst du viel	≈ warum klagst du so sehr?
<u>7-8</u> ich aber muß, bei diesem Wetter, wieder zu-rück, denselben Weg	= ich aber muß bei diesem Wetter wieder denselben Weg zurück(gehen)
<u>8-11</u> Wer --- finden.	He who has experienced how dreary the way home [becomes to s.o. =] is from a place of execution, even on a beautiful day, [he] will not find the re-mark(s) of the Capuchin monk so stupid.

der Landmann, ⸚er	farmer, peasant
namens	called, named
die Leibesstärke	(physical) strength
bekannt	known
geraten in, ie, a, ä	to get, come into
der Ruhm	praise; glory, fame
sich vor/nehmen, a, o, i	to resolve, intend
sich mit jmdm. versuchen	to put a p. to the test
hinweg/sehen über, a, e, ie	to look over, across
die Mauer, -n	wall
spalten	to split, chop
erhalten, ie, a, ä	to receive

Anekdote

Ein mecklenburgischer Landmann, namens Jonas, war
seiner Leibesstärke wegen im ganzen Lande bekannt.

Ein Thüringer, der in die Gegend geriet, und von
jenem mit Ruhm sprechen hörte, nahm sichs vor sich mit
5 ihm zu versuchen.

Als der Thüringer vor das Haus kam, sah er vom
Pferde über die Mauer hinweg auf dem Hofe einen Mann
Holz spalten und fragte diesen, ob hier der starke
Jonas wohne, erhielt aber keine Antwort.

10 So stieg er vom Pferde, öffnete die Pforte, führte
das Pferd herein, und band es an die Mauer.

Hier eröffnete der Thüringer seine Absicht, sich
mit dem starken Jonas zu messen.

Jonas ergriff den Thüringer, warf ihn sofort über
15 die Mauer zurück, und nahm seine Arbeit wieder vor.

Nach einer halben Stunde rief der Thüringer, jenseits der Mauer: Jonas! - Nun was gibts? antwortete
dieser.

Lieber Jonas, sagte der Thüringer: sei so gut und
20 schmeiß mir einmal auch mein Pferd wieder herüber!

1̲ mecklenburgisch   (adj.) (of) Mecklenburg; Mecklenburg, located in northern
Germany, was formerly a kingdom and duchy.

1̲-2̲ war seiner Leibes-   = war wegen seiner Leibesstärke wegen   stärke

3̲ Thüringer   Thuringian; Thuringia is a re-
gion in central Germany.

3̲-4̲ von --- hörte   [heard (people) speak of the
former with praise], heard
people praise Jonas

17̲ Nun was gibts?   Yes, what is it?

20̲ einmal   emphatic request

Tagesbegebenheit

an/gehören (+ dat.)	to belong to, be a member of
das Gewitter, -	thunderstorm
nieder/gehen, i, a	to strike, descend
anderswo	elsewhere
Schutz bieten, o, o	to offer protection
tatsächlich	indeed

(1) Welchem Regiment hatte der Kapitän von Bürger einmal angehört?

(2) Wer sprach mit dem Kapitän von Bürger?

(3) Wo standen die beiden Männer?

(4) Warum?

(5) Warum sagte der Arbeitsmann Brietz, der Kapitän von Bürger solle sich anderswo hinstellen?

(6) Warum stellte sich der Kapitän von Bürger tatsächlich anderswo hin?

(7) Was geschah dem Arbeitsmann Brietz?

Der Griffel Gottes

sich verhalten, ie, a, ä	to act, behave
der Friedhof, -̈e	churchyard, cemetery
behaupten	to assert

(1) Was für ein Leben führte die Gräfin von P.?

(2) Wie verhielt sich die alte Gräfin ihren Untergebenen gegenüber?

(3) Was tat die alte Dame, als sie im Sterben lag?

(4) Was war der alten Dame erteilt worden?

(5) Was für einen Grabstein ließ man ihr auf dem Friedhof setzen?

(6) Was war auf diesem Grabstein zuerst zu lesen?

(7) Was geschah am nächsten Tag?

(8) Was war dann auf dem Grabstein zu lesen?

(9) Was behauptet Kleist am Schluß der Anekdote?

71

Der Branntweinsäufer und die Berliner Glocken

der Alkoholiker, -	alcoholic
fest/nehmen, a, o, i	to arrest
behaupten	to assert, say
einen Botengang tun	to run an errand
halt/machen	to stop
sich erinnern an	to remember s.o. or s.th.

(1) An welcher Krankheit litt der Soldat?

(2) Wann versprach der Soldat, sich zu bessern?

(3) Wie lange hielt der Soldat sein Versprechen, nicht mehr zu trinken?

(4) Von wem wurde der Soldat festgenommen?

(5) Was behauptete der Soldat, als man ihn fragte, warum er wieder zu trinken angefangen habe?

(6) Für wen hatte der Soldat einen Botengang getan?

(7) Was glaubte der Soldat zu hören, als er über den Lustgarten ging?

(8) Wo sollte der Soldat die Kiste Färbholz abgeben?

(9) Was hörte der Soldat vom Turm des Rathauses herabbimmeln?

(10) Wo machte der Soldat auf seinem Rückweg halt?

(11) Was läutete es vom Spittelturm herab?

(12) Was fragte der Soldat den Wirt?

(13) Woran konnte sich der Soldat dann nicht mehr erinnern?

Anekdote (Bach)

Vorbereitungen treffen zu, a, o, i	to make arrangements for
Schwierigkeiten haben	to have difficulties
verstorben	late (: my late wife)
erledigen	to arrange, handle
sich beziehen auf, bezog, bezogen	to refer to (a p.)
der Komponist, -en, -en	composer

(1) Zu wessen Begräbnis sollte Bach Vorbereitungen treffen?

72

(2) Warum hatte der arme Mann Schwierigkeiten?

(3) Was wollte der alte Diener kaufen?

(4) Warum ging der alte Diener zu Bach?

(5) Was sagte Bach zu ihm?

(6) Auf wen bezieht sich die Anekdote in Wirklichkeit?

Anekdote (Kapuziner)

sich bei jmdm. beklagen   to complain to a p.

mit jmdm. überein/stimmen   to agree with s.o.

sühnen   to atone for

(1) Wer begleitete einmal wen zum Galgen?

(2) Wie war das Wetter?

(3) Bei wem beklagte sich der Verurteilte auf dem Weg zum Galgen?

(4) Warum stimmte der Kapuziner mit dem Schwaben nicht überein?

(5) Warum war die Bemerkung des Kapuziners gar nicht so dumm?

Anekdote (Jonas)

weshalb   why

hinweg/blicken über   to look over, across

(1) Weshalb war Jonas im ganzen Land bekannt?

(2) Was wollte ein Thüringer tun, der in die Gegend kam, wo Jonas lebte?

(3) Was sah der Thüringer, als er von seinem Pferd über die Mauer hinwegblickte?

(4) Warum öffnete der Thüringer die Pforte, führte sein Pferd hinein und band es an die Mauer?

(5) Was machte Jonas, nachdem der Thüringer ihm gesagt hatte, daß er sich mit ihm messen wolle?

(6) Worum bat der Thüringer den Jonas nach einer halben Stunde?

sorgen für	to provide for
der Topf, ⁻e	pot
einstmals	once
das Gelüsten, des Ge-lüstens	(obs.) appetite, desire
die Base, -n	(female) cousin
gebären, a, o, ie	to bear, give birth to
gefleckt	spotted
der Tropfen, -	drop
geradeswegs = geradewegs	directly, straight
ab/lecken	to lick off
die Haut, ⁻e	skin
herum/spazieren	to stroll, walk about
darnach = danach	after that, thereupon

JACOB GRIMM (1785-1863)

WILHELM GRIMM (1786-1859)

Katz und Maus in Gesellschaft

Eine Katze und eine Maus wollten zusammen leben
und Wirtschaft zusammen haben; sie sorgten auch für den
Winter und kauften ein Töpfchen mit Fett, und weil sie
keinen bessern und sicherern Ort wußten, stellten sie
5   es unter den Altar in der Kirche, da sollt' es stehen,
bis sie sein bedürftig wären. Einstmals aber trug die
Katze Gelüsten darnach, und ging zur Maus: «hör' Mäus-
chen, ich bin von meiner Base zu Gevatter gebeten, sie
hat ein Söhnchen geboren, weiß und braun gefleckt, das
10 soll ich über die Taufe halten, laß mich ausgehen und
halt heut allein Haus.» - «Ja, ja», sagte die Maus, «geh
hin, und wenn du was Gutes issest, denk an mich, von dem
süßen roten Kindbetterwein tränk ich auch gern ein Tröpf-
chen.» Die Katze aber ging geradeswegs in die Kirche und
15 leckte die fette Haut ab, spazierte darnach um die Stadt
herum und kam erst am Abend nach Haus. «Du wirst dich

Gesellschaft	(here) partnership
<u>2</u> Wirtschaft zusammen haben	to keep house together
<u>6</u> bis sie sein(er) bedürf- tig wären	until they had need of it
<u>6-7</u> Gelüsten tragen nach	to be seized by a great de- sire for
<u>7</u> darnach	= danach
<u>8</u> ich bin ... zu Gevatter gebeten (worden)	I have been asked ... to stand as godfather
<u>10</u> über die Taufe halten	to present at the font
<u>11</u> Haus halten	to keep house
heut	= heute
<u>11-12</u> geh hin	get along
<u>12</u> was	= etwas
issest	= ißt
<u>13</u> Kindbetterwein	[childbed wine], wine (drunk at the christening feast)
tränk	= tränke
<u>16-17</u> sich elustieren = sich amüsieren	to amuse, enjoy o.s.

76

seltsam	strange, odd
der Leib, -er	body
ab/schlagen, u, a, ä	to refuse
jmdm. einen Gefallen tun	to do s.o. a favor
hin/gehen, i, a	to go, get along
heim/kommen, a, o	to return home
taufen	to christen
die Pfote, -n	paw

recht elustiert haben», sagte die Maus, «wie hat denn
das Kind geheißen?» - «Hautab», antwortete die Katze. -
«Hautab? das ist ein seltsamer Name, den hab' ich noch
20 nicht gehört.»

Bald darnach hatte die Katze wieder ein Gelüsten,
ging zur Maus und sprach: «ich bin aufs neue zu Gevatter gebeten, das Kind hat einen weißen Ring um den
Leib, da kann ichs nicht abschlagen, du mußt mir den
25 Gefallen tun und allein die Wirtschaft treiben.» Die
Maus sagte ja, die Katze aber ging hin und fraß den
Fettopf bis zur Hälfte leer. Als sie heim kam, fragte
die Maus: «wie ist denn dieser Pate getauft worden?» -
«Halbaus» - «Halbaus? was du sagst! den Namen hab ich
30 gar noch nicht gehört, der steht gewiß nicht im Kalender.»

Die Katze aber konnte den Fettopf nicht vergessen:
«ich bin zum drittenmal zu Gevatter gebeten, das Kind
ist schwarz und hat bloß weiße Pfoten, sonst kein weißes

17, 28	denn	intensifiers
18	Hautab	Skin-Off
22	aufs neue	again
24	ichs	= ich es
25	die Wirtschaft treiben	to keep house
26-27	und fraß --- leer	and ate half of the pot of fat
28	dieser Pate = dieses Patenkind	this godchild
29	Halbaus	Half-Gone
	was du sagst!	you don't say!
30	gar noch nicht = noch gar nicht	never
30-31	der steht --- Kalender	it certainly won't be found in any almanac; (almanacs contained a calendar, astronomical data, a register of ecclesiastical festivals and saints' days, weather forecasts, medical advice, statistics of all sorts, jokes, fiction, poetry, etc.)

das Haar, -e	hair
nachdenksam = nach- denklich	reflective
in Ordnung halten	to keep in order
auf/räumen	to clean up, put in order
dieweil = inzwischen	in the meantime
satt	satiated, full
ei!	ah!, indeed!
verstecken	to hide
hin/kommen, a, o	to get (to a place)
ach!	alas!, oh!, ah!
fressen, a, e, i	to eat (referring to animals)

35 Haar am ganzen Leib, das trifft sich alle Jahre nur einmal, du läßt mich doch ausgehen?» - «Hautab, Halbaus»,
sagte die Maus, «es sind so kuriose Namen, die machen
mich so nachdenksam, doch geh nur hin.» Die Maus hielt
alles in Ordnung und räumte auf, dieweil fraß die Katze
40 den Fettopf rein aus und kam satt und dick erst in der
Nacht wieder. «Wie heißt denn das dritte Kind?» - «Ganzaus» - «Ganzaus! ei! ei! das ist der allerbedenklichste
Namen», sagte die Maus; «Ganzaus? was soll das bedeuten?
gedruckt ist er mir noch nicht vorgekommen!» damit
45 schüttelte sie den Kopf und legte sich schlafen.

    Zum viertenmal wollte niemand die Katze zu Gevatter
bitten; der Winter aber kam bald herbei. Wie nun draußen nichts mehr zu finden war, sagte die Maus zur Katze: «komm, wir wollen zum Vorrat gehen, den wir in der
50 Kirche unter dem Altar versteckt haben.» Wie sie aber
hinkamen, war alles leer. - «Ach!» sagte die Maus, «nun
kommts an den Tag, du hast alles gefressen, wie du zu
Gevatter ausgegangen bist, erst Haut ab, dann Halb aus,
dann» - «Schweig still», sagte die Katze, «oder ich freß

35-36	das trifft sich --- nur einmal	that doesn't happen every day
36	doch	intensifier
37	es	= das
38	doch	intensifier
40	rein	(here) completely
41	denn	intensifier
41-42	Ganzaus	All-Gone
42-43	der allerbedenk-lichste Name(n)	the strangest name indeed
43, 44	was, gedruckt, damit	«was», «gedruckt», and «damit» would all be capitalized in present-day usage; cp. also the following fairy tales.
44	gedruckt --- vorge-kommen!	[as yet I have never seen it in print], I have never met with such a thing before!
47, 50, 52	wie	= als
52	an den Tag kommen	to come to light
52-53	wie du --- bist	when you went out to stand as godfather

80

zu/springen auf, a, u	to leap on, rush at
hinunter/schlucken	to swallow
besuchen	to visit
gekleidet	dressed, clad
blaß	pale
sich um/blicken	to look around
nebenan	next door
eben so = ebenso	just as
davon	about it

55 dich, wenn du noch ein Wort sprichst.» - «Ganz aus»
hatte die arme Maus im Mund, und hatt' es kaum gesprochen, so sprang die Katz' auf sie zu und schluckte
sie hinunter.

Von dem gestohlenen Heller

Es saß ein Vater mit seiner Frau und seinen Kindern,
und einem guten Freund, der ihn besuchte, mittags am
Tisch. Wie sie so saßen und es zwölf Uhr schlug, da sah
der Fremde die Tür aufgehen, und es kam ein schneeweiß
5 gekleidetes blasses Kindlein herein: es blickte sich
nicht um, sprach auch nichts, sondern ging still in die
Kammer nebenan. Bald darauf kam es zurück, und ging
eben so still wieder fort. Am zweiten und dritten Tag
kam dasselbige Kind wieder; da fragte der Fremde den
10 Vater, wem das schöne Kind gehöre, das alle Mittag in die
Kammer gehe. Der Vater antwortete, er wisse nichts davon, er hab es auch noch nicht gesehen. Am andern Tage,
als es zwölf Uhr schlug und es wieder hereintrat, so
zeigte es der Fremde dem Vater, der sah aber nichts, und

56	hatte ... im Mund	had on his tongue
Heller		heller; originally a silver coin, in the 19th century a copper coin, now no longer in use
1	es saß ein Vater	The grammatical subject is the uninflected «es», and «der Va- ter» is the logical subject of the sentence. The logical sub- ject is the real subject, since it determines the verb form: Es blühen viele Blumen in dem Garten; (cp. also ls. 4-5: «es kam ... ein Kindlein herein»).
2	ihn	= den Vater
7	bald darauf	soon after
9	dasselbige	= dasselbe
10	alle Mittag	every noon
12	hab	= habe
am	andern Tage	the following day
13	so	omit

hinein/gucken	to peer into
emsig	busy, eager
graben, u, a, ä	to dig
wühlen	to dig, poke about in
darauf	after that, afterwards
beschreiben, ie, ie	to describe
die Diele, -n	floor; board, plank
der Zwieback, ⁻e or -e	biscuit; zwieback
behalten, ie, a, ä	to keep
das Grab, ⁻er	grave
vorzeiten	formerly, many years ago
das Rad, ⁻er	wheel
schnurren	to whirr
böse sein	to be angry
ehe	before
der Kasten, ⁻ or -	box, trunk

15 die Mutter und die Kinder alle sahen auch nichts. Der
Fremde stand auf, ging zu der Türe, öffnete sie ein wenig und guckte hinein. Da sah er das blasse Kindlein
auf der Erde sitzen und emsig mit den Fingern in den
Dielenritzen graben und wühlen, wie es aber den Fremden
20 bemerkte, verschwand es. Darauf erzählte er, was er gesehen, und beschrieb das Kindlein genau, da erkannte es
die Mutter und sagte: «ach! das ist mein liebes Kind,
das vor vier Wochen gestorben ist.» Da brachen sie die
Dielen auf und fanden zwei Heller, die hatte das Kind
25 einmal einem armen Mann geben sollen, es hatte aber gedacht, dafür kannst du dir einen Zwieback kaufen, die
Heller behalten und in den Dielenritzen versteckt, und
da hatte es im Grabe keine Ruh und mußte alle Mittage
kommen und die Heller suchen. Sie gaben darauf das
30 Geld einem Armen, und nachher ist das Kindlein nicht
wieder gesehen worden.

Von dem bösen Flachsspinnen

    Vorzeiten lebte ein König, dem war nichts lieber
auf der Welt als Flachsspinnen, und die Königin und seine Töchter mußten den ganzen Tag spinnen, und wenn er
die Räder nicht schnurren hörte, war er böse. Einmal
5 mußte er eine Reise machen, und ehe er Abschied nahm,
gab er der Königin einen großen Kasten mit Flachs und

15	die Kinder alle	= alle die Kinder
16	Türe	= Tür
18-19	in den Dielenritzen	in the cracks of the floor
20-21	was er gesehen	= was er gesehen hatte

General comment: Fairy tales
were originally passed on oral-
ly, and their form was subject
to change. It is for this rea-
son that they do sometimes run
counter to logic, as in this
tale where the «good friend»
(l. 2) changes into a «stran-
ger» (l. 4) who does not know
the dead child (ls. 9-10).

	Flachsspinnen	flax-spinning
1-2	dem war nichts lieber ... als	[nothing was dearer to him ... than], he liked nothing better ... than
5	Abschied nehmen	to take o's leave

betrübt	sad
häßlich	ugly
die Jungfer, -n	old maid, spinster
die Unterlippe	lower lip
das Kinn, -e	chin
herunter/hängen über, i, a	to droop over
daraus	of it
das Kuchenbrett	baking tin
die Stube, -n	room, chamber
das Spinnrad, ⸚er	spinning wheel
an/langen	to arrive
sich freuen	to be glad, pleased
herzlich	very, extremely
gedenken, gedachte, gedacht	to intend
loben	to praise
garstig	ugly, repulsive
hinzu/treten, a, e, i	to come up (to), approach
woher	from where; why
entsetzlich	terrible, horrible
lecken	to lick

sagte: «der muß gesponnen sein, wann ich wieder komme.»
Die Prinzessinnen wurden betrübt und weinten: «wenn wir
das alles spinnen sollen, müssen wir den ganzen Tag sit-
10 zen und dürfen nicht einmal aufstehen.» Die Königin
aber sprach: «tröstet euch, ich will euch schon helfen.»
Da waren im Lande drei besonders häßliche Jungfern, die
erste hatte eine so große Unterlippe, daß sie über das
Kinn herunterhing, die zweite hatte an der rechten Hand
15 den Zeigefinger so dick und breit, daß man drei andre
Finger hätte daraus machen können, die dritte hatte einen dicken breiten Platschfuß, so breit wie ein halbes
Kuchenbrett. Die ließ die Königin zu sich fordern und
an dem Tage, wo der König heimkommen sollte, setzte sie
20 alle drei nebeneinander in ihre Stube, gab ihnen ihre
Spinnräder und da mußten sie spinnen, auch sagte sie einer jeden, was sie auf des Königs Fragen antworten solle. Als der König anlangte, hörte er das Schnurren der
Räder von weitem, freute sich herzlich und gedachte sei-
25 ne Töchter zu loben. Wie er aber in die Stube kam und
die drei garstigen Jungfern da sitzen sah, erschrak er
erstlich, dann trat er hinzu und fragte die erste, woher sie die entsetzlich große Unterlippe habe? «vom
Lecken, vom Lecken!» Darauf die zweite, woher der dicke

7	wann	= wenn
10	nicht einmal	not even
11	tröstet euch	cheer up
	schon	surely
16	hätte daraus machen können	cp. Die Eiche und das Schwein (no. 4), ftn. 1. 11; in dependent clauses predicate complements stand between the finite verb and the double infinitive
17	der Platschfuß	flat foot
18	die ließ --- fordern	the queen ordered them to appear
19	wo = als	when
21-22	einer jeden	to each one
24	von weitem	from afar
27	erstlich	to begin with
29-30	der dicke Finger	= den dicken Finger

der Faden, ⸚	thread, harl
drehen	to twist, turn
umschlingen, a, u	to twist, wind around
nimmermehr	never again
an/rühren	to touch
die Qual, -en	torment, agony
etw., jmdn. los sein	to be rid of s.th., s.o.
der Strohhalm, -e	straw
die Bohne, -n	bean
gemeinschaftlich	together
die Brücke, -n	bridge
(jmdm.) nach/trippeln	to trip, patter after (s.o.)
fallen, ie, a, ä	to fall
zischend	hissing, fizzing
fort/fließen, o, o	to flow away
zerstückt	cut (up)
zurück	behind
(jmdm.) nach/rutschen	to slide, slip after (s.o.)
hinunter-	down
ein bißchen	a bit, a little
zerplatzen	to burst
der Zustand, ⸚e	condition, state
das Ufer, -	bank
der Schneider, -	tailor
die Wanderschaft	travels, travelling
der Zwirn, -e	thread
zusammen/nähen	to sew up, together
die Naht, ⸚e	seam

30 Finger? «vom Faden drehen, vom Faden drehen und um-
schlingen!» dabei ließ sie den Faden ein paarmal um
den Finger laufen. Endlich die dritte: woher den
dicken Fuß? «vom Treten, vom Treten!» wie das der
König hörte, befahl er der Königin und den Prinzessin-
35 nen, sie sollten nimmermehr ein Spinnrad anrühren und
so waren sie ihrer Qual los.

Strohhalm, Kohle und Bohne auf der Reise

Ein Strohhalm, eine Kohle und eine Bohne schlugen
sich zusammen, und wollten gemeinschaftlich eine große
Reise machen. Sie waren schon durch viele Länder gezogen, da kamen sie an einen Bach ohne Brücke und konnten
5 nicht hinüber. Endlich wußte Strohhalm guten Rat, er
legte sich quer über und die andern sollten über ihn
hingehen, erst Kohle, dann Bohne. Kohle ging breit und
langsam darauf, Bohne trippelte nach. Wie aber die Kohle mitten auf den Strohhalm kam, fing der an zu brennen,
10 und brannte durch, Kohle fiel zischend ins Wasser und
starb, Strohhalm floß in zwei Teile zerstückt fort, Bohne, die noch etwas zurück war, rutschte auch nach, und
fiel hinunter, half sich aber ein bißchen mit Schwimmen.
Sie mußte doch endlich so viel Wasser trinken, daß sie
15 zerplatzte, und ward in diesem Zustand ans Ufer getrie-
ben. Zum Glück saß da ein Schneider, der auf seiner
Wanderschaft ausruhte, weil er nun Nadel und Zwirn bei
der Hand hatte, nähte er sie wieder zusammen; seit der
Zeit aber haben alle Bohnen eine Naht.

| 33 | treten | to treadle |
| 36 | ihrer Qual | = ihre Qual |

1-2	sich zusammenschlagen	to join together
4-5	und konnten nicht hin- über	and weren't able to cross
5	guten Rat wissen	to hit on a good idea
6	sich quer über/legen	to lay o.s. right across
7	breit gehen	to walk with o's legs wide apart
15-16	ward (= wurde) ... getrieben	was (being) carried
16	zum Glück	fortunately

hinüber-	over
glücklich	successful
zu/sehen, a, e, ie	to watch
zischen	to hiss, fizz
platzen	to burst
zu/nähen	to sew up
faul	lazy
sich hin/legen	to lie down
auf/wachen	to awake, wake (up)
nachmittags	in the afternoon

20   Nach einer andern Erzählung ging die Bohne zuerst
über den Strohhalm, kam glücklich hinüber und sah auf
dem gegenseitigen Ufer der Kohle zu wie die herüberzog.
Mitten auf dem Wasser brannte sie den Strohhalm durch,
fiel hinab und zischte. Wie das die Bohne sah, lachte
25 sie so stark, daß sie platzte. Der Schneider am Ufer
nähte sie wieder zu, hatte aber gerade nur schwarzen
Zwirn, daher alle Bohnen eine schwarze Naht haben.

Hansens Trine

Hansens Trine war faul und wollte nichts tun. Sie
sprach zu sich selber: «was tu' ich? eß ich, oder
schlaf ich, oder arbeit ich? - Ach! ich will erst essen!» - Als sie sich dick satt gegessen hatte, sprach
5 sie wieder: «was tu ich? arbeit ich, oder schlaf ich? -
Ach! ich will erst ein bißchen schlafen.» Dann legte
sie sich hin und schlief, und wenn sie aufwachte, war
es Nacht, da konnte sie nicht mehr zur Arbeit ausgehen.
Einmal kam der Hans nachmittags nach Haus und fand die
10 Trine wieder in der Kammer liegen und schlafen, da nahm

20 nach einer andern Erzählung	according to another story
21-22 auf dem gegenseitigen Ufer	on the opposite bank
26 gerade	at that very moment
27 daher alle Bohnen eine schwarze Naht haben	= daher haben alle Bohnen eine schwarze Naht
Hansens	archaic gen.
2, 3, 5 eß, schlaf, arbeit, tu	= esse, schlafe, etc.
4 als sie --- hatte	when she had eaten her fill
7-8 wenn sie --- ausgehen	Up to this point the author has described a specific incident; with «wenn» he now indicates that Trine continuously fails to show up for work.
8 nicht mehr	no longer
10-12 da nahm --- Knie	By cutting off Trine's skirt at knee level, Hans may be indicating that he considers her to be a little girl with no sense of responsibility. Hans' action in turn causes Trine to have an «identity crisis.»

das Knie, -	knee
irr	perplexed, confused
drauf = darauf	to it
drinnen	inside, within
vergnügt	cheerful
dumm	dense, dull, dumb
auf einmal	all of a sudden

er sein Messer und schnitt ihr den Rock ab, bis an die
Knie. Trine wachte auf und gedacht: nun willst du zur
Arbeit gehn. Wie sie aber hinauskommt und sieht, daß
der Rock so kurz ist, erschrickt sie, wird irr, ob sie
15 auch wirklich die Trine ist, und spricht zu sich selber:
«bin ichs oder bin ichs nicht?» Sie weiß aber nicht,
was sie drauf antworten soll, steht eine Zeitlang zwei-
felhaftig, endlich denkt sie: «du willst nach Haus gehen und fragen, ob dus bist, die werdens schon wissen.»
20 Also geht sie wieder zurück, klopft ans Fenster und ruft
hinein: «ist Hansens Trine drinnen?» Die anderen antworten, wie sie meinen: «ja, die liegt in der Kammer
und schläft.» - «Nun, dann bin ichs nicht», sagt die Trine
vergnügt, geht zum Dorf hinaus und kommt nicht wieder,
25 und Hans war die Trine los.

Hans Dumm

Es war ein König, der lebte mit seiner Tochter, die
sein einziges Kind war, vergnügt: auf einmal aber brachte die Prinzessin ein Kind zur Welt, und niemand wußte,
wer der Vater war; der König wußte lang nicht, was er
5 anfangen sollte, am Ende befahl er, die Prinzessin solle

12 gedacht	= hat gedacht	
13 gehn	= gehen	
hinauskommen	(here) to arrive at the field	
16, 23 ichs	= ich es	
17 drauf	= darauf	
eine Zeitlang	for a while	
17-18 zweifelhaftig	uncertain	
19 dus, werdens	= du es, werden es	
schon	surely, no doubt	
20-21 hineinrufen	(here) to call out	
22 wie sie meinen (= glau- ben)	[as they believe], believing that she is still in the house	
23 nun	well!	
1-2 der lebte mit seiner Tochter, die sein einziges Kind war, vergnügt	= der lebte vergnügt mit sei- ner Tochter, die sein einziges Kind war	

die Zitrone, -n	lemon
der Befehl, -e	command, order
Gemahlin = der Gemahl, -e	husband
schief	deformed, misshapen
buckelicht = bucklig	hunchbacked
klug	bright, intelligent
sich drängen	to push, squeeze o.s.
aufgebracht	angry
die Tonne, -n	barrel
naseweis	impertinent

mit dem Kind in die Kirche gehen, da sollte ihm eine
Zitrone in die Hand gegeben werden, und wem es die reiche, solle der Vater des Kinds und Gemahlin der Prinzessin sein. Das geschah nun, doch war der Befehl ge-
10 geben, daß niemand als schöne Leute in die Kirche sollten eingelassen werden. Es war aber in der Stadt ein
kleiner, schiefer und buckelichter Bursch, der nicht
recht klug war, und darum der Hans Dumm hieß, der dräng-
te sich ungesehen zwischen den andern auch in die Kirche,
15 und wie das Kind die Zitrone austeilen sollte, so reichte es sie dem Hans Dumm. Die Prinzessin war erschrocken,
der König war so aufgebracht, daß er sie und das Kind
mit dem Hans Dumm in eine Tonne stecken und aufs Meer
setzen ließ. Die Tonne schwamm bald fort, und wie sie
20 allein auf dem Meere waren, klagte die Prinzessin und
sagte: «du garstiger, buckelichter, naseweiser Bub
bist an meinem Unglück schuld, was hast du dich in die

6-7 die	da sollte ihm ... in Hand gegeben werden	there he should be handed
6-9	da sollte --- sein	A lemon is a fruit small enough for a little child to hold, but the fruit itself seems to be less important than its color, yellow. «Yellow» and «golden» are terms often used interchangeably to describe the color of hair. In Western antiquity «yellow» or «golden» hair was considered a sign of great beauty, and the «blond» or «fair-haired» type approximated one's conception of an ideal. The person chosen as father and husband will be «fair». He will be the «fair-haired» boy, i.e., the favorite one.
9-10 gegeben	doch war der Befehl	= doch war der Befehl gegeben worden
10-11 werden sollten	sollten eingelassen = eingelassen werden	were to be admitted
15	austeilen	(here) to hand out
22	schuld sein an	to bear the blame for
was		(here) why

jmdn. etwas an/gehen, i, a	to concern, be of concern to s.o.
ein/treffen, a, o, i	to happen
die Kartoffel, -n	potato
prächtig	splendid, fine; sumptuous
der Überfluß	abundance, luxury
der Steuermann, ⸚er	helmsman
das Schloß, ⸚sser	castle
der Saal, ⸚e	hall
der Buckel, -	hunchback
sich verirren	to lose o's way
sich verwundern	to wonder, be surprised
noch nie	never (before)
ein/kehren	to put up, stop off
längst	long ago
ertrinken, a, u	to drown
bewirten	to entertain, treat
der Becher, -	cup, goblet

Kirche gedrängt, das Kind ging dich nichts an.» - «O
ja», sagte Hans Dumm, «das ging mich wohl etwas an,
25 denn ich habe es einmal gewünscht, daß du ein Kind be-
kämst, und was ich wünsche, das trifft ein.» - «Wenn
das wahr ist, so wünsch uns doch etwas zu essen hier-
her.» - «Das kann ich auch», sagte Hans Dumm, wünschte
sich aber eine Schüssel recht voll Kartoffel, die Prin-
30 zessin hätte gern etwas Besseres gehabt, aber weil sie
so hungrig war, half sie ihm die Kartoffel essen. Nachdem sie satt waren, sagte Hans Dumm: «nun will ich uns
ein schönes Schiff wünschen!» und kaum hatte er das
gesagt, so saßen sie in einem prächtigen Schiff, darin
35 war alles zum Überfluß, was man nur verlangen konnte.
Der Steuermann fuhr grad ans Land, und als sie ausstie-
gen, sagte Hans Dumm: «nun soll ein Schloß dort stehen!» Da stand ein prächtiges Schloß und Diener in
Goldkleidern kamen und führten die Prinzessin und das
40 Kind hinein, und als sie mitten in dem Saal waren, sagte Hans Dumm: «nun wünsch ich, daß ich ein junger und
kluger Prinz werde!» Da verlor sich sein Buckel, und
er war schön und gerad und freundlich, und er gefiel
der Prinzessin gut und ward ihr Gemahl.

45   So lebten sie lange Zeit vergnügt; da ritt einmal
der alte König aus, verirrte sich, und kam zu dem Schloß.
Er verwunderte sich darüber, weil er es noch nie gesehen und kehrte ein. Die Prinzessin erkannte gleich
ihren Vater, er aber erkannte sie nicht, er dachte auch,
50 sie sei schon längst im Meer ertrunken. Sie bewirtete
ihn prächtig, und als er wieder nach Haus wollte, steckte
sie ihm heimlich einen goldenen Becher in die Tasche.
Nachdem er aber fortgeritten war, schickte sie ein paar
Reuter nach, die mußten ihn anhalten und untersuchen,

24	wohl	indeed
27	doch	intensifier, denoting impa-tience
29, 31	Kartoffel	= Kartoffeln
36	grad	= gerade
38-39	in Goldkleidern	in splendid clothes
43	gerad = gerade	(here) erect, upright
44	ward	= wurde
47-48	gesehen	= gesehen hatte
54	Reuter	= Reiter

schwören, u _or_ o, o	to swear
sich hüten	to beware, be careful not to do
sich zu erkennen geben als	to make o.s. known as
der Enkel, -	grandson
zittern	to tremble
der Zahn, ⁻e	tooth
der Löffel, -	spoon
schütten	to pour, spill
fließen, o, o	to flow, run
sich ekeln vor	to be disgusted at, with
irden	earthen
naß	wet
zerbrechen, a, o, i	to break
schelten, a, o, i	to scold, chide
seufzen	to sigh
das Brett, -er	board
der Trog, ⁻e	trough

55 ob er den goldenen Becher nicht gestohlen, und wie sie
ihn in seiner Tasche fanden, brachten sie ihn mit zurück. Er schwur der Prinzessin, er habe ihn nicht gestohlen, und wisse nicht, wie er in seine Tasche gekommen sei, «darum», sagte sie, «muß man sich hüten, je-
60 mand gleich für schuldig zu halten», und gab sich als
seine Tochter zu erkennen. Da freute sich der König
und sie lebten vergnügt zusammen, und nach seinem Tod
ward Hans Dumm König.

Der alte Großvater und der Enkel

Es war einmal ein alter Mann, der konnte kaum gehen, seine Knie zitterten, er hörte und sah nicht viel
und hatte auch keine Zähne mehr. Wenn er nun bei Tisch
saß, und den Löffel kaum halten konnte, schüttete er
5 Suppe auf das Tischtuch, und es floß ihm auch etwas wieder aus dem Mund. Sein Sohn und dessen Frau ekelten
sich davor, und deswegen mußte sich der alte Großvater
endlich hinter den Ofen in die Ecke setzen, und sie gaben ihm sein Essen in ein irdenes Schüsselchen, und noch
10 dazu nicht einmal satt, da sah er betrübt nach dem Tisch,
und die Augen wurden ihm naß. Einmal auch konnten seine
zittrigen Hände das Schüsselchen nicht fest halten, es
fiel zur Erde und zerbrach. Die junge Frau schalt, er
aber sagte nichts und seufzte nur. Da kauften sie ihm
15 ein hölzernes Schüsselchen für ein paar Heller, daraus
mußte er nun essen: wie sie nun da so sitzen, so trägt
der kleine Enkel von vier Jahren auf der Erde kleine
Brettlein zusammen. «Was machst du da?» fragt der Vater. «Ei», antwortete das Kind, «ich mach ein Tröglein,

---

| 55 | gestohlen | = gestohlen habe |
| 63 | ward | = wurde |

5	ihm	dat. of interest; it refers to a p. to whom s.th. happens or to whom s.th. is done
6	dessen	demonstrative pron., gen. sing.
9-10	noch dazu	on top of that, besides
10	nicht einmal	not even
	satt	(here) enough (food)
11	einmal auch konnten	= auch konnten einmal
15	Heller	cp. footnoted title Von dem gestohlenen Heller (no. 28)

verschütten	to spill
das Totenhemd, -en	shroud
begraben, u, a, ä	to bury
auf/hören	to stop, cease
der Sarg, ⸚e	coffin
der Kranz, ⸚e	wreath
ein/schlafen, ie, a, ä	to fall asleep
das Hemd, -en	shirt

20 daraus sollen Vater und Mutter essen, wenn ich groß
bin.» Da sahen sich Mann und Frau eine Weile an, fan-
gen endlich an zu weinen, holten alsofort den alten
Großvater an den Tisch, und ließen ihn von nun an immer
mit essen, sagten auch nichts, wenn er ein wenig ver-
25 schüttete.

Das Totenhemdchen

Es hatte eine Mutter ein Büblein von sieben Jahren,
das war schön, und sie hatte es lieber wie alles auf der
Welt. Auf einmal starb es, darüber konnte sich die Mutter nicht trösten und weinte Tag und Nacht. Als aber
5 das Kind noch gar nicht lang begraben, so zeigte es sich
in der Nacht an den Plätzen, wo es sonst gesessen und
gespielt, und weinte die Mutter, so weinte es auch, aber
wenn der Morgen kam, war es verschwunden. Als nun die
Mutter gar nicht aufhören wollte zu weinen, kam es in
10 einer Nacht mit seinem weißen Totenhemdchen, in dem es
in den Sarg gelegt war, und mit dem Kränzchen auf dem
Kopf, setzte sich zu ihren Füßen auf das Bett und sprach:
«ach Mutter, hör' doch auf zu weinen, sonst kann ich in
meinem Sarge nicht einschlafen, denn mein Totenhemdchen
15 wird gar nicht trocken von deinen Tränen, die alle darauf fallen.» Da erschrak die Mutter, als sie das hörte
und weinte nicht mehr, und in der andern Nacht kam das
Kindchen wieder mit einem Lichtchen in der Hand und sagte: «siehst du, nun ist mein Hemdchen bald trocken und
20 ich habe Ruhe in meinem Grab.» Da befahl die Mutter

22	alsofort	at once
24	mit essen	= mitessen

1	es	cp. Von dem gestohlenen Heller (no. 28), ftn. l. 1
2	wie	= als
5	noch gar nicht lang be-graben (war)	[was as yet not buried very long], had as yet not been buried very long
	so	omit
6-7	gesessen und gespielt	= gesessen und gespielt hatte
11	gelegt (worden) war	had been placed
13	doch	intensifier
17	in der andern Nacht	the following night
18	Lichtchen	(here) candle
20	befehlen	(here) to commend to

100

ertragen, u, a, ä	to endure
unterirdisch	subterranean, underground
die Voreltern	(plur.) ancestors, fore-fathers
teilen unter	to divide among
sich versuchen	to try o's hand
das Handwerk, -e	trade
das Meisterstück, -e	masterpiece
zufrieden	content, satisfied
der Hufschmied, -e	farrier, blacksmith
der Barbier, -e	barber
der Fechtmeister, -	fencing master
bestimmen	to assign, fix
sich treffen, a, o, i	to happen
tüchtig	capable; experienced
der Meister, -	master
der Schmied, -e	farrier, blacksmith
beschlagen, u, a, ä	to shoe

dem lieben Gott ihr Leid und ertrug es still und gedul-
dig, und das Kind kam nicht wieder, sondern schlief in
seinem unterirdischen Bettchen.

Die drei Brüder

    Es war ein Mann, der hatte drei Söhne und weiter
nichts im Vermögen als sein Haus, worin er wohnte. Nun
hätte jeder gern nach seinem Tod das Haus gehabt, dem
Vater war aber einer so lieb als der andere, da wußt er
5 gar nicht, wie er's anfangen sollte, daß er keinem zu
nahe tät; verkaufen wollt' er das Haus auch nicht, weil's
von seinen Voreltern war, sonst hätte er das Geld unter
sie geteilt. Da fiel ihm endlich ein Rat ein und er
sprach zu seinen Söhnen: «geht in die Welt und versucht
10 euch und lerne jeder ein Handwerk, wenn ihr dann wieder-
kommt, wer das beste Meisterstück macht, der soll das
Haus haben.»

    Das waren die Söhne zufrieden und der älteste woll-
te ein Hufschmied, der zweite ein Barbier, der dritte
15 aber ein Fechtmeister werden. Darauf bestimmten sie eine Zeit, wo sie wieder nach Haus zusammenkommen wollten
und zogen fort. Es traf sich auch, daß jeder einen
tüchtigen Meister fand, wo er was rechtschaffenes lern-
te; der Schmied mußte des Königs Pferde beschlagen und

<u>21</u> der liebe Gott	God
<u>1-2</u> weiter nichts ... als	nothing more ... than
<u>3</u> hätte ... gern ... ge- <u>habt</u>	would have liked to have had
<u>4</u> als	= wie
wußt	= wußte
<u>5-6</u> daß er keinem zu nahe <u>tät</u> = daß er keinem weh täte	[that he would hurt no one], that he wouldn't hurt the feel- ings of any of his sons
<u>8</u> da fiel --- ein	finally a solution occurred to him
<u>10</u> lerne	present subjunctive to express an imperative
<u>13</u> der älteste	= der älteste
<u>18-19</u> was rechtschaffenes <u>lernen</u> = etwas Rechtschaf- fenes lernen	to receive thorough training

kriegen	(colloq.) to get, receive
rasieren	to shave
lauter	nothing but
vornehm	aristocratic, prominent
der Hieb, -e	slash, scar, blow
herum sein	to be over, have passed
die Gelegenheit, -en	opportunity, occasion
die Kunst, ⁻e	art, skill
ratschlagen	to deliberate, consult
der Hase, -n, -n	hare
das Feld, -er	field
daher gelaufen kommen = dahergelaufen kommen	to come running along
wie gerufen kommen	to come at the right moment
das Becken, -	basin
die Seife, -n	soap
ein/seifen	to soap, lather
der Stutzbart, ⁻e	close-cropped beard
dabei	yet, nevertheless
gewaltig	immense, mighty
sich an/greifen, i, i = sich sputen	to make haste, hurry up
währen	to last, continue
jagen	to dash along
das Hufeisen, -	horseshoe

20 dachte: «nun kann dir's nicht fehlen, du kriegst das
Haus»; der Barbier rasierte lauter vornehme Leute und
meinte auch, das Haus wär' sein; der Fechtmeister krieg-
te manchen Hieb, biß aber die Zähne zusammen und ließ
sich's nicht verdrießen, denn er dachte bei sich:
25 «fürchtest du dich vor einem Hieb, so kriegst du das
Haus nimmermehr.» Als nun die gesetzte Zeit herum war,
kamen sie zusammen nach Haus, sie wußten aber nicht, wie
sie die beste Gelegenheit finden sollten, ihre Kunst zu
zeigen, saßen beisammen und ratschlagten. Wie sie so
30 saßen, kam auf einmal ein Has über's Feld daher gelaufen. «Ei», sagte der Barbier, «der kommt wie gerufen»,
nahm Becken und Seife, schaumte, bis der Has in die Nähe kam, dann seifte er ihn in vollem Laufe ein und rasierte ihm auch im vollen Laufe ein Stutzbärtchen und
35 dabei schnitt er ihn nicht und tat ihm an keinem Haare
weh. «Das gefällt mir», sagte der Vater, «wenn sich
die andern nicht gewaltig angreifen, so ist das Haus
dein.» Es währte nicht lang, so kam ein Herr in einem
Wagen daher gerennt in vollem Jagen. «Nun sollt ihr
40 sehen, Vater, was ich kann», sprach der Hufschmied,
sprang dem Wagen nach, riß dem Pferd, das in einem fort
jagte, die vier Hufeisen ab und schlug ihm auch im Ja-

---

20 nun kann dir's nicht   now you cannot fail to succeed
fehlen

23 die Zähne zusammenbeißen to grit o's teeth

23-24 und ließ sich's nicht and was not to be discouraged
verdrießen

30, 32 Has   = Hase

32 schaumen = schäumen   (here) to make lather

33 in vollem Laufe   (while running) at full speed

35-36 und tat ihm an kei- and did not [hurt =] touch a
nem Haare weh   hair on his head

38-39 kam ... daher gerennt approached at full speed
(= gerannt) in vollem Jagen
= kam ... in vollem Jagen
dahergefahren

41 in einem fort   continuously

42-43 schlug ihm ... vier replaced them with four new
neue wieder an   ones

der Degen, -	sword, epee
schwenken	to swing
der Kreuzhieb, -e	crosscut
schwingen, a, u	to swing
erstaunen	to be astonished, amazed
geloben	to promise, vow
ausgelernt haben	to be well-trained
geschickt	skillful
sich grämen	to grieve

gen vier neue wieder an. «Du bist ein ganzer Kerl»,
sprach der Vater, «du machst deine Sachen so gut wie
45 dein Bruder, ich weiß nicht, wem ich das Haus geben
soll.» Da sprach der dritte: «Vater, laßt mich auch
einmal gewähren», und weil es anfing zu regnen, zog er
seinen Degen und schwenkte ihn in Kreuzhieben über seinem Kopf, daß kein Tropfen auf ihn fiel; und als der
50 Regen stärker ward und endlich so stark, als ob man mit
Mulden vom Himmel göß, schwang er den Degen immer schnel-
ler, und blieb so trocken, als säß er unter Dach und
Fach. Wie der Vater das sah, erstaunte er und sprach:
«du hast das beste Meisterstück gemacht, das Haus ist
55 dein.»

     Die beiden andern Brüder waren damit zufrieden, wie
sie vorher gelobt hatten, und weil sie einander so lieb
hatten, blieben sie alle drei zusammen im Haus, trieben
ihre Profession, und da sie so gut ausgelernt hatten und
60 so geschickt waren, verdienten sie viel Geld. So lebten sie vergnügt bis in ihr Alter zusammen und als der
eine krank ward und starb, grämten sich die zwei andern
so sehr darüber, daß sie auch krank wurden und bald
starben. Da wurden sie, weil sie so geschickt gewesen
65 und sich so lieb gehabt, alle drei in ein Grab gelegt.

___

<u>43</u>	du bist ein ganzer Kerl	you are a [man =] splendid fellow indeed
<u>46-47</u>	laßt mich auch ein- mal gewähren	let me have my turn too
<u>50</u>, <u>62</u>	ward	= wurde
<u>50-51</u>	als ob --- göß (= gösse)	[as if one were pouring (water) with tubs from the sky], as if it were coming down in buckets, raining cats and dogs
<u>52-53</u>	als säß (= säße) er unter Dach und Fach	as if he were sitting safely at home
<u>58</u>	treiben	(here) to practice
<u>64</u>	geschickt gewesen	= geschickt gewesen waren
<u>65</u>	lieb gehabt	= lieb gehabt hatten

jmdn. vor sich rufen, ie, u	to summon s.o.
bei sich bedenken, a, a	to consider
zu/tun, a, a	to close, shut
eher	rather, sooner
die Ferse, -n	heel
verbrennen, a, a	to burn, scorch
jmdn. auf/henken = jmdn. auf/hängen	to hang s.o.
der Strick, -e	rope
zerschneiden, i, i	to cut (through)
auf/heben, o, o	to raise

Die drei Faulen

Ein König hatte drei Söhne, die waren ihm alle
gleich lieb, und er wußte nicht, welchen er zum König
nach seinem Tode bestimmen sollte. Als die Zeit kam
daß er sterben wollte, rief er sie vor sich und sprach:
5 «Liebe Kinder, ich habe etwas bei mir bedacht, das will
ich euch sagen: welcher von euch der Faulste ist, der
soll nach mir König werden.» Da sprach der älteste:
«Vater, so gehört das Reich mir, denn ich bin so faul,
wenn ich liege und will schlafen, und es fällt mir ein
10 Tropfen in die Augen, so mag ich sie nicht zutun, damit
ich einschlafe.» Der zweite sprach: «Vater, das Reich
gehört mir, denn ich bin so faul, wenn ich beim Feuer
sitze mich zu wärmen, so ließ ich mir eher die Fersen
verbrennen, eh' ich die Beine zurückzöge.» Der dritte
15 sprach: «Vater, das Reich ist mein, denn ich bin so
faul, sollt' ich aufgehenkt werden und hätte den Strick
schon um den Hals, und einer gäb' mir ein scharf Messer
in die Hand, damit ich den Strick zerschneiden dürfte,
so ließ ich mich eher henken, eh' ich meine Hand aufhübe
20 zum Strick.» Wie der Vater das hörte, sprach er: «Du
sollst der König sein.»

9	und will schlafen	= und schlafen will
10-11	damit ich einschlafe	so that I can fall asleep
13, 19	ließ	= ließe
17	ein scharf Messer	= ein scharfes Messer
19	henken	= hängen
	aufhübe	= aufhöbe

QUESTIONS

Katz und Maus in Gesellschaft

die Wirtschaft führen	to keep house
verstecken	to hide
gelüsten nach etwas	to hanker after, long for a th.
die Ausrede, -n	excuse
gelangen	to get to, reach
der Täufling	child to be baptized
aus/sehen, a, e, ie	to look
taufen	to baptize, christen

108

angeblich   supposedly
ab/schlagen, u, a, ä   to refuse, decline
der Pate, -n, -n   godfather
entdecken   to discover
den Mund halten, ie,   to hold o's tongue
a, ä

(1) Was wollten eine Katze und eine Maus tun?

(2) Wie sorgten die beiden für den Winter?

(3) Wo versteckten sie ihren Vorrat?

(4) Wie lange sollte der Vorrat dort stehen?

(5) Wonach gelüstete es die Katze eines Tages?

(6) Was für eine Ausrede gebrauchte die Katze, um die
     Wohnung verlassen zu können?

(7) Wie sieht der kleine Täufling aus?

(8) Wann soll die Katze an die Maus denken?

(9) Was machte die Katze in der Kirche?

(10) Was tat sie dann?

(11) Wann kam die Katze wieder nach Hause?

(12) Was antwortete die Katze, als die Maus sie frag-
     te, auf welchen Namen das Kind getauft worden
     sei?

(13) Wie soll der zweite Täufling aussehen?

(14) Wo ging die Katze in Wirklichkeit hin, und was
     machte sie dort?

(15) Wie heißt angeblich das zweite Patenkind?

(16) Warum darf die Katze es nicht abschlagen, zum
     drittenmal Pate zu sein?

(17) Auf welchen Namen soll das dritte Kind getauft
     worden sein?

(18) Was sagte die Maus zur Katze, als der Winter ge-
     kommen und draußen nichts mehr zu finden war?

(19) Was entdeckte die Maus, als sie unter den Altar
     schaute?

(20) Was machte die Katze mit der Maus am Schluß?

(21) Warum?

Von dem gestohlenen Heller

sich um/sehen, a, e, ie	to look around
die Erscheinung	apparition
erblicken	to see
hinein/schauen	to peer into
der Fußboden, ¨	floor

(1) Wer saß mittags am Tisch?

(2) Was sah der Fremde, als es zwölf Uhr schlug?

(3) Wer kam herein?

(4) Was tat es?

(5) Was fragte der Fremde den Vater, nachdem er die- selbe Erscheinung am zweiten und dritten Tag er- blickt hatte?

(6) Was antwortete der Vater?

(7) Was geschah, als der Fremde dem Vater, der Mutter und den Kindern die Erscheinung zeigte?

(8) Was tat der Fremde, nachdem er aufgestanden war?

(9) Was sah der Fremde?

(10) Was geschah, als das Kind den Fremden sah?

(11) Was sagte die Mutter, nachdem der Fremde das Kind genau beschrieben hatte?

(12) Wem hatte das Kind die zwei Heller geben sollen?

(13) Warum hatte das Kind die zwei Heller versteckt?

(14) Wann fand das Kind erst wieder Ruhe in seinem Grab?

Von dem bösen Flachsspinnen

die Gemahlin, -nen	consort; wife
fertig/spinnen, a, o	to finish, complete spinning
aus/sehen, a, e, ie	to look
zurück/kehren	to return
die Rückkehr	return

(1) Was war dem König lieber als alles auf der Welt?

(2) Was mußten die Königin und die Töchter den ganzen Tag tun?

(3) Warum gab der König seiner Gemahlin einmal einen großen Kasten mit Flachs?

(4) Warum wurden die Prinzessinnen betrübt und weinten?

(5) Was versprach die Königin ihren Kindern?

(6) Wie sahen die drei Jungfern aus?

(7) Wie weit hing die Unterlippe der ersten Jungfer herunter?

(8) Was hätte man aus dem rechten Zeigefinger der zweiten Jungfer machen können?

(9) Wie groß war der eine Fuß der dritten Jungfer?

(10) Wann mußten sich die drei Jungfern in die Stube der Königin setzen?

(11) Was sagte die Königin jeder der drei Jungfern?

(12) Warum freute sich der König bei seiner Rückkehr?

(13) Warum erschrak der König, als er in die Stube trat?

(14) Was antwortete die erste Jungfer, als der König sie fragte, woher sie die große Unterlippe habe?

(15) Woher hatte die zweite Jungfer den dicken Finger?

(16) Wieso hatte die dritte Jungfer einen so dicken Fuß?

(17) Was befahl der König seiner Frau und seinen Töchtern, nachdem er das alles gehört hatte?

Strohhalm, Kohle und Bohne auf der Reise

A

gemeinsam	(adv.) jointly
unternehmen, a, o, i	to undertake
die Reihenfolge	sequence
passieren (+ dat.)	to happen to

(1) Was wollten Strohhalm, Kohle und Bohne gemeinsam unternehmen?

(2) Wo kamen sie hin, nachdem sie schon durch viele Länder gezogen waren?

(3) Was machte der Strohhalm nach einer Weile?

(4) Was sollten die beiden anderen tun?

(5) In welcher Reihenfolge?

111

(6) Was geschah mit der Kohle?

(7) Was passierte dem Strohhalm?

(8) Was versuchte die Bohne, nachdem sie vom Strohhalm hinuntergerutscht und ins Wasser gefallen war?

(9) Warum platzte die Bohne endlich?

(10) Warum hatte die Bohne Glück?

B

bei sich haben	to carry, have with o.s.

(1) Wer ging nach einer anderen Erzählung zuerst über den Strohhalm?

(2) Was machte die Bohne auf dem anderen Ufer?

(3) Was geschah, als die Kohle mitten auf den Strohhalm gekommen war?

(4) Warum zerplatzte die Bohne?

(5) Warum haben alle Bohnen eine schwarze Naht?

Hansens Trine

die Eigenschaft, -en	characteristic
sich im Zweifel sein über	to be in doubt about
beseitigen	to do away with
jmdn. los/werden, u, o, i	to get rid of s.o.

(1) Welche negative Eigenschaft hatte Trine?

(2) Will Trine zuerst essen, schlafen oder arbeiten?

(3) Was machte sie dann?

(4) Warum konnte Trine nicht mehr zur Arbeit ausgehen?

(5) Wo war Trine, als Hans eines Nachmittags nach Hause kam?

(6) Was tat Hans mit seinem Messer?

(7) Was wollte Trine tun, nachdem sie aufgewacht war?

(8) Warum erschrak Trine, als sie auf dem Feld ankam?

(9) Worüber war sich Trine im Zweifel?

(10) Wie wollte Trine ihre Zweifel beseitigen?

(11) Was antworteten die Leute im Haus, nachdem Trine ans Fenster geklopft und gerufen hatte: «Ist Hansens Trine drinnen?»

(12) Warum gaben die Leute diese Antwort?

(13) Warum war Trine am Schluß so vergnügt?

(14) Wie wurde Hans die Trine los?

<u>Hans Dumm</u>

sich ereignen	to happen
anziehend	attractive
ärgerlich	angry
sich ändern	to change
das Verhältnis	relationship
sich verwandeln in	to change into
durch Zufall	by chance
dorthin	there; that way
jmdn. durchsuchen	to search a p.

(1) Wieviele Söhne und Töchter hatte der König?

(2) Was ereignete sich auf einmal?

(3) Was wußte niemand?

(4) Wohin sollte die Prinzessin mit ihrem Kind auf Befehl des Königs gehen?

(5) Warum sollte dem Kind eine Zitrone in die Hand gegeben werden?

(6) Wen wollte man aber nur in die Kirche lassen?

(7) Warum war Hans kein besonders anziehender Mensch?

(8) Wo ging auch Hans hin?

(9) Wem reichte das Kind die Zitrone?

(10) Warum erschrak die Prinzessin, und warum war der König ärgerlich?

(11) Wie wurde der König den Hans Dumm, die Prinzessin und das Kind los?

(12) Warum hatte die Prinzessin eigentlich ein Kind bekommen?

(13) Was tat Hans Dumm, als die Prinzessin hungrig war?

(14) Was war die Reaktion der Prinzessin?

(15) Was wünschte ihnen Hans Dumm, nachdem sie sich satt gegessen hatten?

(16) Was sagte Hans Dumm, als sie wieder an Land gegangen waren?

(17) Wo sagte Hans Dumm «Nun wünsch ich, daß ich ein junger und kluger Prinz werde!»?

(18) Wann änderte sich das Verhältnis zwischen der Prinzessin und Hans Dumm?

(19) Warum wunderte sich der alte König, als er das Schloß sah?

(20) Wer erkannte wen sofort?

(21) Was steckte die Prinzessin ihrem Vater heimlich in die Tasche, als dieser wieder nach Hause wollte?

(22) Wen schickte die Prinzessin ihrem Vater nach?

(23) Warum?

(24) Was machten die Reiter, als sie den goldenen Becher bei dem König fanden?

(25) Was schwur der alte König seiner Tochter?

(26) Was ist die Moral dieses Märchens?

Der alte Großvater und der Enkel

das Gebrechen, -	weakness, infirmity
die Schwiegertochter	daughter-in-law
die Mahlzeit, -en	meal
jmds. Händen entfallen, ie, a, ä	to slip from a p's hands
reagieren	to react
sich verhalten, ie, a, ä	to act, behave

(1) Welche körperlichen Gebrechen hatte der alte Mann?

(2) Was geschah, wenn er bei Tisch saß?

(3) Warum mußte sich der alte Mann endlich hinter den Ofen in die Ecke setzen?

(4) Worin wurden dem Großvater die Mahlzeiten serviert?

(5) Wieviel bekam der alte Mann zu essen?

(6) Was geschah einmal mit dem Schüsselchen?

(7) Wie reagierte der alte Mann auf das Schelten der Schwiegertochter?

(8) Was kauften die jungen Leute dem Großvater ein wenig später?

(9) Was sahen Vater und Mutter, als sie da so saßen?

114

(10) Was antwortete der Junge, als der Vater ihn fragte, was er da mache?

(11) Wie verhielten sich Mann und Frau, als sie das hörten?

(12) Was geschah mit dem Großvater am Ende des Märchens?

Das Totenhemdchen

sich ereignen	to happen
bekleidet	clothed, dressed
erscheinen, ie, ie	to appear
jmdn. aufmerksam machen auf	to call a p's attention to (a th.)

(1) Warum konnte sich die Mutter nicht trösten und weinte Tag und Nacht, nachdem ihr kleiner Junge gestorben war?

(2) Was ereignete sich, als das Kind noch gar nicht lange begraben war?

(3) Wann weinte das Kind?

(4) Was geschah, wenn es Morgen wurde?

(5) Womit war das Kind bekleidet, und was hatte es auf dem Kopf, als es eines Nachts wieder erschien?

(6) Wo setzte sich das Kind hin?

(7) Warum soll die Mutter aufhören zu weinen?

(8) Warum zeigte das Kind der Mutter in der nächsten Nacht sein Hemdchen?

(9) Wem befahl die Mutter ihr Leid?

Die drei Brüder

erben	to inherit
der Beruf, -e	occupation, profession
aus/machen	to arrange, agree upon
zusammen/treffen, a, o, i	to meet
entmutigen	to discourage
der Kunde, -n, -n	customer
jmdm. zu/sprechen, a, o, i	to award to a p.
trauern	to mourn

115

(1) Wie groß war das Vermögen des Mannes, der drei Söhne hatte?

(2) Was hätte jeder der Söhne gern nach dem Tod des Vaters geerbt?

(3) Warum wußte der Vater nicht, was er anfangen sollte?

(4) Warum wollte der Vater das Haus nicht verkaufen?

(5) Was sollen die Söhne tun?

(6) Wer soll das Haus bekommen?

(7) Was wollte der erste, der zweite und der dritte Sohn von Beruf werden?

(8) Was machten die Söhne unter sich aus?

(9) Wessen Pferde mußte der Schmied beschlagen?

(10) Wen rasierte der Barbier?

(11) Warum biß der Fechtmeister die Zähne zusammen und ließ sich nicht entmutigen?

(12) Wer kam über das Feld gelaufen, als die Brüder ratschlagten, wie sie ihre Kunst zeigen könnten?

(13) Wie rasierte der Barbier diesen Kunden?

(14) Wer kam nach einer Weile sehr schnell dahergefahren?

(15) Was machte der Hufschmied mit dem dahinjagenden Pferd?

(16) Warum zog der dritte Sohn seinen Degen und schwenkte ihn in Kreuzhieben über seinem Kopf?

(17) Warum war der Vater so erstaunt?

(18) Warum bekam der dritte Sohn das Haus?

(19) Wo wohnten die beiden anderen Brüder, nachdem das Haus dem dritten Sohn zugesprochen worden war?

(20) Warum verdienten die drei Brüder viel Geld?

(21) Was geschah, als der eine Bruder krank wurde und starb?

(22) Warum legte man alle drei Brüder in ein Grab?

Die drei Faulen

sich entschließen, o, o	to decide, make up o's mind
sich verhalten, ie, a, ä	to act, behave

die Gelegenheit   opportunity, chance

(1) Warum konnte sich der König nicht entschließen, einen von seinen Söhnen zum König zu bestimmen?

(2) Welcher von den Söhnen soll nach dem Tode des Vaters König werden?

(3) Wie verhält sich der älteste Sohn, wenn ihm vor dem Einschlafen ein Tropfen Wasser in die Augen fällt?

(4) Wie faul ist der zweite Sohn?

(5) Warum bekam der jüngste Sohn das Königreich?

aus/machen	to agree upon
der Ausdruck, ̈e	expression
berühren	to touch
der Fels, -en, -en or der Felsen, -s, -	rock
der Krieger, -	warrior
sich stürzen in	to plunge into
die Insel, -n	island
erreichen	to reach
jmdm. zuvor/kommen, a, o	to get ahead of s.o.
das Schwert, -er	sword
hervorragend	protruding
die Klippe, -n	rock
ab/hauen, hieb ab, abgehauen	to cut off
bei (= an) jmdm. vor- bei/werfen, a, o, i	to throw past s.o.
der Zeuge, -n, -n	witness
der Nachkomme, -n, -n	descendant
unumschränkt	absolute
beherrschen	to rule
der Verschwender, -	squanderer, spendthrift

119

HERMANN LUDWIG VON PÜCKLER-MUSKAU (1785-1871)

Die beiden schottischen Brüder

Zwei Brüder, die in einem Kriegszuge gegen eine
der schottländischen Inseln begriffen waren, hatten unter sich ausgemacht, daß der, dessen Fleisch und Blut
(ein schottischer Ausdruck) zuerst das feste Land be-
5 rühre, Herr desselben bleiben solle. Mit aller Kraft
der Ruder sich nähernd, konnten die Schiffe wegen ein-
zelner Felsen im Meere nicht weiter, und beide Brüder
mit ihren Kriegern stürzten sich in das Wasser, um
schwimmend die Insel zu erreichen. Da nun der Ältere
10 sah, daß ihm sein jüngerer Bruder zuvorkam, zog er sein
kurzes Schwert, legte die linke Hand auf eine hervorra-
gende Klippe, hieb sie mit einem Hieb ab, ergriff sie
bei den Fingern, und warf sie, bei seinem Bruder vorbei,
blutend ans Ufer, indem er ausrief: «Gott ist mein Zeu-
15 ge, daß mein Fleisch und Blut zuerst das Land berührt
hat.» Und so ward er König der Insel, die seine Nach-
kommen durch zehn Generationen unumschränkt beherrschten.

Der Verschwender

Ein Harpagon in Ispahan, der lange Zeit mit seinem
jungen Sohne nur von trockenem Brot und Wasser gelebt

schottisch	Scottish
1-2 in einem Kriegszuge begriffen sein	to be engaged in a military campaign
2 die schottländischen Inseln	the Scottish Isles
5-6 mit aller Kraft der Ruder sich nähernd	[approaching with all the force of their oars], approaching the shore as fast as the strength of their crews would permit
6-7 einzelne	(plur.) (here) some, several
12 hieb sie --- ab	cut it off with one blow
16 ward	= wurde
1 der Harpagon = der Geizhals	miser; Harpagon is the central figure of Molière's comedy L'Avare (1668; Engl. The Miser)
Ispahan = Isfahan	ancient city in central Iran, known for its fine carpets

einladend	inviting; tempting
die Beschreibung, -en	description
verlocken	to entice, tempt
vortrefflich	excellent
der Käse, -	cheese
überfallen, ie, a, ä	to overtake, be seized with
die Gewissensbisse	(plur.) qualms, remorse
die Reue	compunction, regret
verwünschen	to curse
töricht	foolish
beabsichtigen	to intend
die Flasche, -n	bottle
sich begnügen	to content o.s.
das Mahl, -e or ̈-er	meal
die Brotrinde, -n	breadcrust
im Angesicht	in the sight of
genießen, o, o	to eat; enjoy
der Bissen, -	mouthful
reiben, ie, ie	to rub
einstweilen	for the time being
die Einbildungskraft	imagination
berichten	to report
sich verspäten	to be late, behind time
auswärts	outside the city; in the country
beschäftigt mit	busy with
der Schrank, ̈-e	cupboard
der Bengel, -	rascal
verwundert	in amazement
infam	foul, shameless
die Range, -n	scamp
verschwenderisch	wasteful, extravagant

hatte, wurde eines Tages doch durch die zu einladende
Beschreibung eines Freundes verlockt, ein schmales
5 Stück von einem besonders vortrefflichen und wohlfei-
len Käse zu kaufen. Doch ehe er noch damit zu Haus
kam, überfielen ihn schon Gewissensbisse und Reue. Er
verwünschte seine törichte Extravaganz, und statt den
Käse, wie er früher beabsichtigte, zu essen, verschloß
10 er ihn in eine Flasche, und begnügte sich in Gesellschaft des Knaben bei jedem Mahle ihre Brotrinden im
Angesicht des Käses zu genießen, dieselben aber vor
jedem Bissen gegen die Bouteille zu reiben, und so den
Käse einstweilen nur mit der Einbildungskraft zu schmek-
15 ken. Einmal, berichtet die Geschichte weiter, verspäte-
te Harpagon sich auswärts, und fand, als er eine Stunde nach der Essenszeit zu Haus kam, seinen Sohn bereits
mit der täglichen Brotrinde beschäftigt, und diese emsig gegen die Schranktüre reibend. «Was treibt der
20 Bengel?» rief er verwundert aus. «O Vater! es ist Essenszeit, Ihr habt den Schlüssel zum Schranke mitge-
nommen, und da habe ich denn mein Brot ein bißchen gegen die Türe gerieben, weil ich nicht zur Flasche kommen konnte.» «Infame Range», schrie der Vater in höch-
25 stem Zorne, «kannst du nicht einen einzigen Tag ohne
Käse leben? Geh mir aus den Augen, verschwenderische
Brut, du wirst nimmer ein reicher Mann werden.»

6, 17	zu Haus	= nach Hause
10-11	in Gesellschaft	in the company
13	die Bouteille, -n	= die Flasche
19, 23 die Türe	die Schranktüre,	= die Schranktür, die Tür
19	treiben	(here) to do
21	Ihr	cp. Das wohlfeile Mittagessen (no. 8), ftn. 1. 14
22	denn	intensifier
26 gen	geh mir aus den Au-	get out of my sight
27	(die) Brut	(here) brat

der Mitleidige, -n, -n	compassionate man
das Schnupftuch = das Taschentuch, ¨-er	handkerchief
der Täter, -	perpetrator, culprit
gewaltsam	forcible
derb	rough
die Behandlung, -en	treatment
jmdm. etwas an/tun, a, a	to do s.th. to s.o.
herzu/kommen, a, o	to arrive on the scene
der Polizei-Beamte = der Polizeibeamte, -n, -n	policeman, constable
die Rettung	escape
jmdn. auf/suchen	to go to see s.o.
indes	in the meantime
flehen um	to beg for
die Gnade	mercy
ungebildet	uneducated
beweglich = rührend	moving, touching
der Kläger, -	plaintiff
aus/bleiben, ie, ie	to fail to appear
folglich	consequently, therefore
das Gesetz, -e	law

Der Mitleidige

Einem Manne ... ward auf der Straße sein Schnupftuch gestohlen. Er ergreift den Täter, hält ihn, als
der Stärkere, gewaltsam fest, nicht ohne einige derbe
Behandlung die er ihm antut, und übergibt ihn dann den
5 herzugekommenen Polizei-Beamten. Die Sache war klar
vor vielen Zeugen, und der Delinquent würde, wenn bei
den Assisen die Klage angebracht worden wäre, ohne Rettung entweder gehangen, oder auf lange Jahre nach Bota-
nybay transportiert worden sein. Seine Frau suchte in-
10 des den Gentleman auf, und flehte auf ihren Knien um
Gnade, der Dieb selbst, ein nicht ungebildeter Mensch,
schrieb die beweglichsten Briefe, und - wer wird sich
darüber wundern, daß er endlich Mitleid und Erhörung
fand, an dem bestimmten Tage der Kläger ausblieb, und
15 folglich der Schuldige nach englischen Gesetzen frei
gesprochen wurde.

---

1 einem Manne	object
ward	= wurde
1-2 sein Schnupftuch	subject
6 der Delinquent, -en, -en	the accused, criminal
7 die Assisen	assizes; periodic court ses-sions held in each English county to try civil and crim-inal cases
Klage anbringen	to bring (in) an action
7-9 ohne Rettung --- sein	Before English law was re-formed, such harsh sentences, which dated back to the Middle Ages, were possible.
8 gehangen	= gehängt
8-9 Botanybay = Botany Bay	Bay on the southeastern coast of Australia. Botany Bay is often referred to as England's first penal colony on that con-tinent. Actually, the first penal colony was located at nearby Sydney on Port Jackson (Sydney Harbor).
13-14 daß er --- fand	that he finally found compas-sion [and hearing =] and was granted his request
14 bestimmt	(here) appointed

das Mitleid	compassion, pity
der Angriff, -e	attack, assault
verklagen	to sue
beweisen, ie, ie	to prove, substantiate
allerdings	though, to be sure
der Beklagte = der Angeklagte, -n, -n	the accused, defendant
statt finden = statt/- finden, a, u	to take place, happen
hierüber	in this matter
der Einwand, ̈-e	objection
Rücksicht nehmen auf, a, o, i	to take notice, consider
das Schmerzensgeld	smart money
großmütig	generous, magnanimous
gegen	about, circa
bezahlen	to pay

Dem Gentleman bekam jedoch dies unzeitige Mitleid
übel genug. Vierzehn Tage nach dem Vorgefallenen ward
er von demselben Manne, der sein Schnupftuch gestohlen,
20 für Insult und gewaltsamen Angriff auf offener Straße
verklagt, und dieser durch Zeugen bewiesen. Allerdings
erwiderte Beklagter, daß dies nur statt gefunden, weil
ihm der Kläger sein Schnupftuch gestohlen habe. Da
Delinquent aber hierüber bereits freigesprochen war,
25 und niemand derselben Sache wegen zweimal vor Gericht
gezogen werden kann, so ward auf seinen Einwand gar
keine Rücksicht genommen. Kurz, mit Schmerzensgeld und
Kosten mußte der großmütige Bestohlne dem Diebe und den
Gerichten dafür noch gegen 100 Pfund Sterling bezahlen.

17-18	dem Gentleman bekam ... dies unzeitige Mitleid übel ...	the gentleman ... had to pay dearly ... for [this =] his ill-timed compassion
18	nach dem Vorgefallenen	after the incident
18, 26	ward	= wurde
19	gestohlen	= gestohlen hatte
23	habe	«habe» refers to «gestohlen» as well as to «gefunden»
28 -n	der Bestohl(e)ne, -n,	the victim (of the theft)

QUESTIONS

Die beiden schottischen Brüder

Krieg führen gegen	to wage war against
vereinbaren	to agree upon
weiter/rudern	to row further
überholen	to overtake
ab/schlagen, u, a, ä	to cut off

(1) Gegen wen führten die zwei Brüder Krieg?

(2) Was hatten die beiden Brüder vereinbart?

(3) Warum konnten die Krieger nicht weiterrudern?

(4) Was mußten die beiden Brüder und ihre Krieger tun, um die Insel zu erreichen?

(5) Welcher der beiden Brüder überholte den anderen?

(6) Was machte der ältere Bruder mit seiner linken Hand?

126

(7) Wie wurde der ältere Bruder König der Insel?

(8) Was rief der ältere Bruder dabei aus?

Der Verschwender

weshalb?	why?
jmdm. den Mund wässerig machen	to make a p's mouth water
auf/bewahren	to keep, store
außerhalb (+ gen.)	outside of
weswegen?	why?
zornig	angry

(1) Wovon hatten der Geizhals und sein junger Sohn schon lange Zeit gelebt?

(2) Weshalb kaufte der Geizhals eines Tages ein Stück sehr guten Käses?

(3) Was überfiel den Geizhals, ehe er nach Hause kam?

(4) Wo bewahrte der Geizhals seinen Käse zu Hause auf?

(5) Was machten der Geizhals und sein Sohn zu jeder Mahlzeit mit ihren Brotrinden?

(6) Aus welchem Grunde kam der Geizhals einmal eine Stunde nach der Essenszeit nach Hause?

(7) Weswegen rieb der Sohn seine Brotrinde gegen die Schranktür?

(8) Warum ist der Vater so zornig?

Der Mitleidige

verfahren mit	to deal with s.o.
behandeln	to deal with, treat s.o.
bestehen, a, a	to exist
der Zweifel, -	doubt
der Vorfall, ⁻e	incident
aus/gehen, i, a	to end
australisch	Australian
die Strafkolonie, -n	penal colony
jmdn. auf/suchen	to call on s.o.
jmdn. an/flehen	to implore s.o.
die Verhandlung, -en	hearing, trial

127

bereuen	to regret
die Beleidigung	insult
sich verteidigen	to defend o.s.
gelten lassen	to accept

(1) Was wurde einem Mann auf der Straße gestohlen?

(2) Wie verfuhr der Mann mit dem Dieb?

(3) Wem übergab der Bestohlene den Täter?

(4) Warum bestand an der Schuld des Täters kein Zweifel?

(5) Wie wäre die Sache für den Dieb ausgegangen, wenn der Bestohlene ihn verklagt hätte?

(6) Wer suchte den Bestohlenen auf?

(7) Weshalb?

(8) Was tat der Dieb?

(9) Warum wurde der Dieb freigesprochen?

(10) Weswegen mußte es der Gentleman bald darauf bereuen, daß er so mitleidig gewesen war?

(11) Wie verteidigte sich der Angeklagte?

(12) Warum konnte das Gericht die Gründe des Angeklagten nicht gelten lassen?

128

der Kapellmeister, -	conductor
die Kapelle, -n	orchestra
der Herzog, ‥e	duke
sich jmdm. vor/stellen	to introduce o.s. to a p.
dreieckig	three-cornered
der Hängkorb = der Henkelkorb, ‥e	basket (with a handle)
das Kraut	cabbage
handeln um	to bargain about, haggle over
durchaus nicht	not at all, by no means
die Eifersucht	jealousy
umher/gehen, i, a	to walk about
necken	to tease

JUSTINUS KERNER (1786-1862)

Der Kapellmeister Poli

Ein italienischer Musiker aus der Kapelle des Her-
zogs Karl, namens Poli, hatte ... seine Wohnung in den
Arkaden des Marktplatzes in Ludwigsburg. Er verstand
die deutsche Sprache nur wenig und stellte sich Frem-
5 den mit den Worten vor: «Ik bin die große Poli, Kapellmeister vom Herzog Karle.» Ich sah ihn oft in einem roten Rocke, mit einem Haarbeutel, kleinem drei-
eckigen Hütchen, einen Hängkorb am Arme, auf den Gemüsemarkt gehen und in seinem gebrochenen Deutsch mit den
10 Hökerweibern um Kraut handeln. Er hatte eine durchaus
nicht schöne Frau, auch aus der Musikschule des Her-
zogs. Aus Eifersucht hatte er sie immer ins Zimmer
verschlossen, und sie kam nur selten ins Freie.

Dieses Original war besonders auch von uns Kin-
15 dern sehr gefürchtet; ... (er) wurde ... oft, ging er
in seinem roten Röcklein und Bordenhute auf dem Markte
umher, von uns bösen Buben geneckt und war daher immer

1-2	Herzog Karl	Duke Karl Eugen (1728-1793)
3	Ludwigsburg	town north of Stuttgart; it was the summer residence of Karl Eugen
5	ik	≈ ich
	die	= der
7	der Haarbeutel, -	bagwig; an 18th century wig worn by men. The back hair of the wig was enclosed in a small black bag made of silk cloth. The bag was held in place by a black ribbon which was tied into a bow.
10	das Hökerweib, -er	costermonger; a woman who sells fruit and vegetables from a street stand or cart
13	ins Freie	out of doors
16	der Bordenhut = der Bortenhut, ⁀e	hat trimmed with a ribbon or braid
17	geneckt	the auxiliary verb is «wurde», l. 15

das Wagestück	dangerous venture, foolhardy trick
heraus fordern = heraus/fordern	to provoke
die Rücksicht, -en	regard, consideration
toll	furious
die Wut	rage
die Rache	revenge
sich überlassen, ie, a, ä	to give o.s. up to, give way to
begehren	to desire, wish for
der Geistliche, -n, -n	clergyman
eilig	hurried, quick
sich begeben, a, e, i	to go, betake o.s.
an/kommen, a, o	to arrive
hin/strecken	to offer, hold out
das Gebet, -e	prayer
die Bekehrung, -en	conversion
die Irrung = der Irrtum	error, mistake

mit einem großen spanischen Rohre gegen uns zum Schla-
ge gerüstet. Es war auch wirklich kein kleines Wage-
20 stück, den Zorn eines solchen Italieners heraus zu fordern, der keine Rücksichten nahm und sich leicht der
tollsten Wut und Rache überließ. Dieser Italiener wurde einmal von Kolikschmerzen gequält, in welchen er
immer ausrief: «lo Speciale! lo Speciale!» - Die deut-
25 sche Magd, die nicht anders glaubte, als ihr Herr be-
gehre noch vor dem Tode den Geistlichen, den Special,
hatte nichts schnelleres zu tun, als zu dem Special
Zilling zu springen und ihm zu sagen, ihr sterbender
Herr rufe immerdar nach ihm, sie bitte ihn um Gottes
30 Willen eilig zu kommen. Zilling war schnell bereit;
denn er glaubte, der Italiener habe einen lutherischen
Geistlichen nur darum begehrt, um sich vor seinem Tode
noch in den Schoß dieser Kirche zu begeben. Aber wie
erstaunte er, als ihm, vor seinem Bette angekommen, der
35 Italiener einen gewissen Teil seines Körpers zum Kli-
stieren hinstreckte, von Gebet und Bekehrung aber nichts
wissen wollte. Die Irrung kam daher, daß im Italieni-
schen lo Speciale «der Apotheker» heißt, und daß in
Italien die Apotheker das Geschäft des Klistierens, wie

<u>18</u>	das spanische Rohr	cane
<u>18-19</u> gegen uns zum Schla-ge gerüstet		prepared to thrash us
<u>23</u>	Kolikschmerzen	(acute) abdominal pain
<u>25</u>	nichts anders ... als	nothing else but (that)
<u>26</u>	der Special	a denominational title
<u>28</u>	Zilling	proper name
<u>29</u>	immerdar	= immer
<u>29-30</u>	um Gottes Willen	for God's, mercy's sake
<u>33</u> in den Schoß dieser Kirche		into the [lap, womb =] pale of this church
<u>35-36</u>	zum Klistieren	that he might give him an enema

132

der Chirurg, -en, -en	surgeon
über sich nehmen = über-nehmen, a, o, i	to take on, take charge of
jmdn. betreffen, a, o, i	to concern s.o., refer to s.o.
seinen Ursprung haben	to originate
der Kutscher, -	coachman, driver
nebst	besides
die Kuh, ⁻e	cow
der Vorfahr, -en, -en	ancestor, forefather
das Amt, ⁻er	office
das Wesen	character, nature
der Hofnarr, -en, -en	court jester
der Spaß, ⁻e	jest, joke
jmdm. etwas übel/nehmen, a, o, i	to resent, be offended by s.o.'s actions
das Gastessen	banquet
jmdn. aus der Fassung bringen, a, a	to baffle s.o., bowl s.o. over
außen	outside
an/richten	to prepare, serve

40 bei uns die Chirurgen, über sich nehmen. Es ist dies
eine Anekdote, die auch sonst oft erzählt wird, die
aber die hier genannten Personen wirklich betraf und
ihren Ursprung einzig in Ludwigsburg hat.

Der Kutscher Matthias

Nebst den Pferden, Kühen und Gärten hatte mein
Vater von seinem Vorfahren im Amte auch einen alten
Kutscher übernommen, der Matthias hieß und von komi-
schem Wesen war. Er war wie der Polichinell im Mari-
5 onettenspiele, wie ein Hofnarr, dem man seine auch oft
derben Späße nicht übel nahm. Als einmal ein großes
Gastessen im Hause war, entfiel ihm vor der Tür die
volle Suppenschüssel. Er ließ sich aber dadurch nicht
aus der Fassung bringen, öffnete die Tür und sagte zu
10 den Versammelten: «Meine Herrschaften, die Suppe wurde
hier außen angerichtet, nehmen Sie die Löffel mit!»

Wir hatten ein naives junges Bauernmädchen von der
Alp in Diensten; an dieser übte der Alte oft seine ko-

40-43 Es ist --- hat.

[This is an anecdote, which is also otherwise often (being) told, which, however, really referred to the persons named here and which has its origin solely in Ludwigsburg]. This anecdote, often told in different versions, really originated in L. and was actually about the people mentioned here.

2-3 im Amte ... über-nommen

Kerner's father was an administrative official in L.

4 Polichinell

Pulcinella (Ital.), Punchinello, i.e., clown, buffoon. Pulcinella was a character in a Neapolitan puppet play.

5 auch oft

often even

7 entfiel ihm

he dropped

12-13 von der Alp

(here) from the mountains

13-14 an dieser --- Launen

[on her the old man often practiced his peculiar humor]; it was she whom the old man often made the butt of his peculiar humor

vorig	former, previous
auf/gabeln	(colloq.) to pick up
die Krone, -n	crown
vor/stellen = dar/-stellen	to depict, picture
kleiden	to clothe, dress
die Treppe, -n	stairway
in Alarm versetzen	to alarm, frighten s.o.
kutschieren	to drive (a coach)
der Rappe, -n, -n	black horse
die Wiese, -n	meadow
sprießen, o, o	to grow
matt	faint, feeble
gelb	yellow

mischen Launen. Er hatte von der vorigen Herrschaft
15 einen Gueridon aufgegabelt, der einen Mohren mit einer
Krone auf dem Kopfe vorstellte. Diesen legte er einmal
in ein weißes Hemde gekleidet dem Mädchen, ehe es in
die Kammer kam, ins Bett, worauf es mit einem entsetz-
lichen Geschrei: «Der Teufel! der Teufel! der Teufel
20 ist in meinem Bett!» die Treppe herab sprang und das
ganze Haus in Alarm versetzte und aus den Betten brachte.

Einmal kutschierte er meine Mutter und die Frau
des Prälaten mit dem Rappen auf einer Wiese, auf der
25 viele Schlüsselblumen sproßten. Da fing er auf einmal mit matter Stimme zu sagen an: «Mir wird's grün
und gelb vor den Augen», so daß die Frauen, welche
glaubten, es befalle ihn eine Ohnmacht, einen Vorübergehenden um Hilfe riefen und ihn baten das Leitseil zu
30 fassen, ehe ihr Kutscher herunterfalle. Er aber lachte

---

15 der Gueridon = der Kerzenhalter	candleholder
der Mohr, -en, -en	= der Neger, -
17 Hemde	= Hemd
24 der Prälat, -en, -en	prelate (a high-ranking ecclesiastic)
25 die Schlüsselblume = die Frühlingsschlüssel- blume	cowslip (Primula veris; belongs to the primrose family and has yellow flowers)
26-27 mir wird's grün und gelb vor den Augen	my head is swimming, everything swims before my eyes
28 es befalle ihn eine Ohnmacht	he was about to faint
29 das Leitseil, -e	leading rein
30-31 er ... lachte ihrer Angst	he made light of their fear

ihrer Angst, ihm sei es ganz wohl, aber wie ihnen gewiß auch hier grün und gelb vor Augen.

31-32 ihm sei --- Augen   [(saying that) he was quite
well but like them certainly
was seeing here too green and
yellow]; saying that he was
quite well but that he expe-
rienced - as certainly they
did here too - green and yellow colors swimming before
his eyes. (While Matthias
is talking about the yellow
cowslips, their green leaves,
and the meadow, this is also
a play on «Mir wird's grün
und gelb vor den Augen.»)

QUESTIONS

Der Kapellmeister Poli

beurteilen	to judge
halten für, ie, a, ä	to take to be
bei jmdm. im Dienst stehen, a, a	to be in a p's service, employ
feilschen um	to haggle over
häßlich	ugly
eifersüchtig	jealous
erregen	to excite, cause
der Spazierstock, ⸚e	cane
wütend	furious, mad
rachsüchtig	revengeful
fortwährend	(adv.) constantly
schleunigst	as quickly as possible
dauernd	continuous
sich beeilen	to hurry
vermuten	to suppose, presume
sich bekehren zu	to convert to
im Sinn haben	to intend, contemplate
sich klistieren lassen	to be given an enema

138

beruhen auf	to be based on
verrichten	to do, perform

(1) Wo lag die Wohnung des Kapellmeisters Poli?

(2) Wieviel Deutsch verstand Poli?

(3) Wie beurteilte sich Poli selbst?

(4) Bei wem stand der Kapellmeister im Dienst?

(5) Was trug Poli am Arm, wenn er auf den Gemüsemarkt ging?

(6) Was machte Poli auf dem Gemüsemarkt?

(7) Wie sah die Frau des Kapellmeisters aus?

(8) Weshalb hielt Poli seine Frau meistens im Zimmer verschlossen?

(9) Wie erregten die Kinder den Zorn des Kapellmeisters?

(10) Warum fürchteten die Kinder den Kapellmeister?

(11) Weswegen war es gefährlich, den Zorn Polis zu erregen?

(12) Warum rief Poli einmal fortwährend lo Speciale, lo Speciale?

(13) Was glaubte die deutsche Magd, als sie Poli lo Speciale rufen hörte?

(14) Wo lief die Magd schleunigst hin?

(15) Was berichtete die Magd?

(16) Was vermutete der Special Zilling?

(17) Was aber hatte Poli im Sinn?

(18) Worauf beruhte der Irrtum?

(19) Wo hat diese Anekdote ihren Ursprung?

Der Kutscher Matthias

A

komisch	funny, odd
der Kerl, -e	fellow
passieren	to happen
das Festmahl	banquet
fallen/lassen, ie, a, ä	to drop
aus Versehen	by mistake

139

der Witz, -e   joke

auf Kosten (+ gen.)   at the expense of

(1) Was hatte der Vater des Erzählers außer Pferden,
    Kühen und Land im Amt auch noch übernommen?

(2) Was passierte, als einmal ein großes Festmahl im
    Hause gegeben wurde?

(3) Welchen Witz erlaubte sich der Kutscher auf Kosten
    der Gäste?

B

stammen aus   to hail from, come from

die Eigenschaft, -en   characteristic, peculiarity

auf/fallen, ie, a, ä   to make o.s. conspicuous

sich verhalten, ie, a, ä   to act, behave

jmdm. einen Streich spie-   to play a trick on s.o.
len

ehemalig   former, late

der Gegenstand, ⸚e   object

dar/stellen   to represent, depict

auf/wecken   to awaken, wake up

(1) Wo war das Bauernmädchen zu Hause?

(2) Durch welche Eigenschaft fiel das Mädchen auf?

(3) Wie verhielt sich Matthias dem Mädchen gegenüber?

(4) Was hatte Matthias bei seiner ehemaligen Herr-
     schaft aufgegabelt?

(5) Wie sah der Gegenstand aus?

(6) Wo legte der Kutscher den Gegenstand einmal hin?

(7) Womit hatte der Alte den Gegenstand bekleidet?

(8) Was dachte das Mädchen, als es den Gegenstand in
     seinem Bett liegen sah?

(9) Warum weckte das Mädchen das ganze Haus auf?

C

spazieren/fahren, u, a, ä   to take for a drive

(1) Wen fuhr Matthias einmal auf einer Wiese spazie-
     ren?

(2) Was wuchs auf dieser Wiese?

(3) Warum glaubten die Frauen, es befalle Matthias eine Ohnmacht?

(4) Worum baten die Frauen einen Vorübergehenden?

(5) Was erklärte der alte Kutscher am Schluß?

kaputt	ruined, done for
der Geizhals	miser
erkranken	to fall ill
einsam	lonely
sich bekümmern um = sich kümmern um	to concern o.s. with, trouble o's head about
mit der Sprache heraus/rücken	(colloq.) to speak out, speak out freely
durchaus	absolutely, positively
höchst	most, very
wahrscheinlich	likely, probable
die Leiche, -n	corpse
das Urteil, -e	judgment, opinion
(jmdn.) erschrecken	to alarm, frighten (s.o.)
gelassen	composed, calm
von hinnen = weg or fort	away
sobald (als)	as soon as
kriechen, o, o	to creep, crawl
müh(e)selig	(adv.) with great effort
bestehen, bestand, bestanden	to consist of
sachte	slow, gingerly
glimmen, o, o	to glow, smoulder
der Kamin, -e	fireplace
innig	intense
das Behagen	pleasure
der Funke, -ns, -n or der Funken, -s, -	spark
hin- und her-	to and fro
auf/lodern	to blaze, flare up
zusammen/sinken, a, u	to die down
sich krümmen	to crinkle
zerfallen, ie, a, ä	to disintegrate
das Häufchen, -	little heap
verglimmen, o, o	to cease glowing

JEREMIAS GOTTHELF (1797-1854)

Wie man kaputt werden kann

Ein Geizhals war schwer erkrankt, lag einsam für
sich alleine, und, wie er sich um niemand bekümmert
hatte, so bekümmerte sich auch niemand viel um ihn.
Als der Arzt ihn eines Tages besuchte, fragte ihn der
5   Geizhals auf sein Gewissen um seinen Zustand, ob Rettung möglich sei oder keine, und ob es noch lange gehen könne. So gefragt, rückte der Arzt offen mit der
Sprache heraus und sagte ihm, daß menschlichem Ansehen
nach für ihn durchaus keine Rettung sei, daß er höchst
10 wahrscheinlich morgen um diese Zeit eine Leiche sein
werde. Dieses Urteil erschreckte den Kranken durchaus
nicht; gelassen sah er den Arzt von hinnen ziehen.

Sobald derselbe hinaus war, kroch er müheselig
aus dem Bette, kroch zu seinem Schreibtisch, nahm ein
15 Päcklein aus demselben, welches aus Kassenscheinen im
Wert von hunderttausend Talern bestand, legte dasselbe
sachte aufs glimmende Kaminfeuer, setzte sich in den
dabeistehenden Armstuhl und sah mit dem innigsten Behagen zu, wie es zu glimmen begann, die Funken hin- und
20 herschossen, die Flamme aufloderte und wieder zusammen-
sank, die einzelnen Scheine sich krümmten, schwarz wurden, in Asche zerfielen oder das Kamin aufflogen, und
sein Behagen stieg von Schein zu Schein, bis das Häuf-
chen verglommen war. Dann kroch er wieder zu Bette
25 und legte sich zum Sterben hin; jetzt hatte er sein

<u>4-5</u>	fragte --- Zustand	[the miser asked him upon his conscience about his condition], the miser asked him not to hide anything about his condition
<u>8-9</u>	menschlichem Ansehen nach = menschlichem Ermessen nach	to judge by, in terms of human standards
<u>15</u>	das Päcklein	small bundle
	der Kassenschein, -e	cash note, bank note
<u>15-16</u>	im Wert von	valued at
<u>16</u>	der Taler, -	thaler, three-mark piece (an old coin)
<u>21</u>	der Schein, -e	cash note, bank note
<u>22</u>	das Kamin	= den Kamin
	aufflogen	= hinaufflogen

144

vollbringen, vollbrachte, vollbracht	to accomplish
der Erbe, -n, -n	heir
bewußtlos	unconscious
aus/sehen, a, e, ie	to look, appear
wohlbekannt	well-known
das Staunen	astonishment, amazement
wundertätig	miraculous
sich ein/stellen	to occur, come about
retten	to save
wohltätig	pleasant; beneficial
betrügen, o, o	to cheat
der Verwandte, -n, -n	relative
herbei/führen	to bring about, cause
glotzen	to gape, stare
stieren	to stare

letztes Werk vollbracht, sein Zeitliches bestellt, sein
Testament gemacht, und weil er keinem Menschen etwas
gönnte, so hatte er die Flammen zu seinem Haupterben
gemacht.

30   So lag er im Bette, ward bewußtlos, und als ihm,
er wußte nicht, wie, seine Augen aufgingen, meinte er,
jetzt werde er endlich sehen, wie es im Himmel sei.
Aber der Himmel sah akkurat aus wie sein altes Zimmer,
und als er den genau ansah, den er anfänglich für unsern
35 Herrgott genommen, da war es der wohlbekannte Arzt. Der
hatte mit Staunen ihn betrachtet, ihm den Puls gefühlt
und sagte endlich: «Herr, was bei Menschen nicht möglich war, das hat wieder Gott getan; ein wundertätiger
Schlaf hat sich eingestellt, Ihr seid gerettet.» Es
40 war das wohltätige Gefühl, sein Werk vollbracht, alle
Menschen betrogen zu haben, auch seine nächsten Ver-
wandten, was eine wohltätige Krisis herbeigeführt, ihn
gerettet hatte. Aber was er für Augen machte, als der
Arzt so sprach, wie er glotzte, wie er stierte! Der
45 Arzt meinte, der Schlaf komme wieder und werde noch

26 sein Zeitliches be-stellen	to set o's (earthly) affairs in order, prepare for death
26-27 sein Testament	his last will and testament
27-28 und weil --- gönnte	[and since he begrudged every-one everything], and since he was as envious as one can pos-sibly be
30 ward	= wurde
33 akkurat	= genau
34 den ... den	the one whom
35 genommen	= genommen hatte
39 Ihr	cp. Das wohlfeile Mittagessen (no. 8), ftn. 1. 14
39-43 Es war --- hatte.	It was the pleasant feeling of having accomplished his work and of having cheated everyone, even his closest relatives, which had brought about a bene-ficial crisis and saved him.
43 Augen machen	to stare in surprise

sich entschuldigen	to excuse o.s.
somit	so, thus
bedenklich = nach-denklich	thoughtful, musing
erwägen, o, o	to consider, contemplate
poltern	to tramp, stump
sorglos	careless, thoughtless
finster	dark
der Haken, -	hook
die Kleider	(plur.) clothes
die Genesung	recovery
überleben	to survive
der Betrug	deception, deceit
jmdm. etwas nach/wer-fen, a, o, i	to throw, fling s.th. after s.o.

länger dauern, er entschuldigte sich daher, daß er ihn
geweckt, er solle sich nur stillhalten, fortschlafen,
er sei gerettet; und somit ging er hinaus mit bedenk-
lichem Gesichte, erwägend, was es eigentlich heiße,
50 wenn ein Arzt sage, der sei gerettet, und der werde
sterben, ob man das je könne, je dürfe, je solle.

Am andern Morgen polterte er etwas sorglos die
finstere Treppe hinauf, sah gleich nach dem Bette hin,
das war leer, sah im Zimmer herum, das war leer; am
55 Fensterhaken hing etwas, aber dort pflegten gewöhnlich
die Kleider zu hängen. Doch als der Arzt den Schaden
nun sah, hing am Haken der Alte selbst; der hatte seine
Genesung nicht überleben wollen, der hatte es nicht
übers Herz bringen können, daß er alle habe betrügen
60 wollen, aber am Ende sich alleine betrogen. Sein Leben,
das nur zu seinem eigenen Betruge gedient, das warf er

<u>47</u>	geweckt	= geweckt habe
<u>50</u>	der ... der	= dieser ... jener
<u>51</u>	ob man --- solle	whether one could, was allowed to or should (make a statement like that) at any time
<u>52</u>	am andern Morgen	the following morning
	er	= der Arzt
<u>55-56</u>	aber dort pflegten gewöhnlich ... zu (+ inf.)	but there usually would
<u>56-57</u>	als der Arzt den Schaden nun sah	[when the doctor now saw the damage], when the doctor looked over the supposed clothes more carefully
<u>58-59</u>	der hatte es nicht übers Herz bringen können = der hatte es nicht verwinden können	he had not been able to get over the fact
<u>59-60</u>	habe betrügen wollen	cp. <u>Die Eiche und das Schwein</u> (no. 4), ftn. 1. 11
<u>60</u>, <u>62</u>	betrogen	= betrogen hatte
<u>61</u>	gedient	= gedient hatte

ein/sehen, a, e, ie	to understand, recognize
gräßlich	dreadful, horrible
an/schmieren	to cheat
kürzlich	recently
erscheinen, ie, ie	to appear
die Anstellung, -en	position, appointment
an/kündigen	to announce
imstande sein	to be capable, able
vermögen, vermochte, vermocht, vermag	to be able, have the power (to do)
irgendein	some(one), any(one)
bezeichnen	to designate
jmdn. bewachen	to guard, watch over s.o.
entweichen, i, i	to escape, run away
in (eine) Aufregung geraten, ie, a, ä	to become excited
entscheidend	crucial

dem Gelde nach, um welches er andere betrogen. Der sah
den Bschiß bei Lebzeiten ein, gar manchem werden aber
erst an einem andern Orte die Augen aufgehen, zu sehen,
65 wie gräßlich er sich selbst angeschmiert.

Ein anderes Kaputtwerden

Kürzlich erschienen zwei junge Ärzte in einer kleinen Stadt, welche wahrscheinlich in einer großen keine
Anstellung erhalten hatten, und wollten dort Wunder tun,
denn sie kündigten an, daß sie nicht nur fast jede Krank-
5 heit zu heilen imstande wären, sondern auch Tote wieder
zu erwecken vermöchten. Anfangs lachten die Leute in
der kleinen Stadt, aber die Bestimmtheit, mit welcher
die beiden Fremden von ihrer Kunst sprachen, machte die
Leute bald bedenklich; als dieselben gar erklärten, sie
10 wären bereit, nach drei Wochen an dem und dem Tage auf
dem Gottesacker irgendeinen Toten, den man bezeichne,
wieder in das Leben zu rufen, und als sie zu größerer
Sicherheit selbst darauf antrugen, man möchte sie drei
Wochen über bewachen, damit sie nicht entweichen könnten,
15 geriet das Städtchen in eine seltsame Aufregung. Je
näher der entscheidene Tag herankam, um so mehr wuchs

---

63 den Bschiß = den Be-   = den Betrug
schiß

62-65 Der sah --- ange-   [He =] the miser recognized the
schmiert (hat).   deception while he was still
                                 alive. Many a man's eyes, how-
                                 ever, will only be opened in a
                                 different place, (namely, hell),
                                 where he will see how dread-
                                 fully he has cheated himself.

---

2 in einer großen   = in einer großen Stadt

5-6 Tote erwecken   to raise the dead

9 als dieselben gar er-   moreover, when [they =] the
klärten   two announced

10 an dem und dem Tage   on such and such a day

12-13 und als --- an-   [and when they themselves pro-
trugen   posed for the sake of greater
                               security], and when they pro-
                               posed on their own to convince
                               everyone there wouldn't be any
                               foul play

14 über   = lang

150

geheim	secret, private
öffentlich	public
die Vernünftigen	sensible people
äußern	to express
vielerlei	various, many
das Gebrechen, -	infirmity
behaftet sein mit	to be affected, afflicted with
unbeschreiblich	indescribable
gönnen (+ dat.)	not to begrudge
ewig	eternal
schrecklich	horrible, dreadful
der Gedanke, -ns, -n	thought
verschonen	to spare
erlauben	to allow, permit
beiliegend	enclosed
zu/stellen	to send
ähnlich	similar
der Inhalt	content
der Neffe, -n, -n	nephew
besorgt sein um	to be in fear, fear for
jmdn. beerben	to inherit s.o's property

erst geheim, dann öffentlich der Glaube, bis endlich
die Vernünftigen nicht einmal mehr ihre Zweifel äußern
durften.

20   Am Tage vor dem großen Wunder auf dem Kirchhofe erhielten die beiden Freunde einen Brief von einem ange-
sehenen Manne der Stadt, darin hieß es: «Ich hatte eine
Frau, die ein Engel war, aber mit vielerlei Leiden und
Gebrechen war sie behaftet. Meine Liebe zu ihr war un-
25 beschreiblich; aber eben um dieser Liebe willen gönne
ich ihr die ewige Ruhe, es wäre schrecklich für sie, die
jetzt so glücklich sein wird, wenn sie in ihre zerrüt-
tete Hülle zurückkehren müßte. Ich zittere vor dem Gedanken, daß es vielleicht gerade meine Frau sein könnte,
30 welche Sie bei Ihrem Versuche auf dem Kirchhofe wieder
ins Leben zurückbringen. Verschonen Sie um Gottes willen die Selige mit Ihrer Kunst und erlauben Sie mir, daß
ich Ihnen beiliegende fünfzig Louisdor zustelle, als ob
die Sache wirklich geschehen wäre!» Dieser Brief war
35 der erste, eine Menge ähnlichen Inhalts folgte ihm nach.
Ein Neffe war schrecklich besorgt um seinen Onkel, den
er beerbt hatte. Schrecklich sei es dem lieben Onkel
sein Lebtag gewesen, schrieb er, wenn ihn jemand geweckt
hätte; was er erst jetzt empfinden müßte, wenn jemand

_____

<u>17</u> der Glaube

add in Engl.: that they were
able to raise the dead

<u>18</u> nicht einmal mehr

no longer even

<u>27-28</u> in ihre zerrüttete
<u>Hülle</u>

into her broken body

<u>31</u> zurückbringen

= zurückbringen würden

<u>31-32</u> um Gottes willen

for God's, mercy's sake

<u>32</u> die Selige

[the blessed one], my late
wife

<u>33</u> der Louisdor

louis-d'or; a French gold coin
of varying value, first struck
in 1640 and named after king
Louis XIII

<u>35</u> eine Menge

a great many

<u>37-40</u> Schrecklich sei
<u>--- würde</u>!

He wrote that it had been dread-
ful for the dear uncle all his
life when s.o. had awakened him.
(Imagine) what he would have to
experience this very moment, if
s.o. were to awaken him from
his eternal sleep.

die Pflicht, -en	duty
die Gewalttat, -en	act of violence, outrage
schützen	to protect
sich erbieten, o, o	to offer
ansehnlich	considerable
die Entschädigung, -en	compensation
untröstlich	inconsolable
die Witwe, -n	widow
inständig	urgent
die Anstrengung, -en	exertion, effort
sich in etwas schicken	to resign o.s. to s.th.
allergrößt-	utmost
zum Vorschein kommen, a, o	to appear
aus/schwatzen	to blab out
vernehmen, a, o, i	to hear
der Bürgermeister, -	mayor
der Vorgänger, -	predecessor
bedenken, bedachte, bedacht	to bear in mind, consider

40 ihn aus dem Todesschlaf wecken würde! Er halte es in
seiner Pflicht, ihn vor solcher Gewalttat zu schützen,
indessen erbiete er sich zu einer ansehnlichen Entschä-
digung. Untröstliche Witwen erschienen persönlich mit
inständigen Bitten, nichts gegen Gottes Willen, in den
45 sie sich mit unglaublichen Anstrengungen zu schicken be-
gönnen, zu tun, es könnte nicht gut kommen.

     In der allergrößten Angst jedoch waren die beiden
Ärzte des Städtchens; sie liefen umher wie brönnig Manne, sie fürchteten, ihre Patienten, welche sie unter die
50 Erde gebracht, möchten wieder zum Vorschein kommen und
ausschwatzen, was sie jenseits vernommen.

     Der Bürgermeister, der noch nicht lange im Amt war
und manchen Vorgänger unterm Boden hatte, erhob sich endlich auf einen allgemeinen Standpunkt; er bedachte, daß
55 unter so bewandten Umständen die Ruhe der Stadt durchaus

40-41 in seiner Pflicht	= für seine Pflicht
44-46 nichts gegen Gottes Willen, in den sie sich mit unglaublichen Anstrengungen zu schicken begönnen, zu tun	= nicht gegen Gottes Willen zu tun, in den sie sich mit unglaublichen Anstrengungen zu schicken begönnen
in den --- begönnen	to which, with unbelievable efforts, they were beginning to resign themselves; begönnen: subjunctive
48-49 sie liefen umher wie brönnig Manne = sie liefen wie brennende Männer umher	= sie huschten wie Irrlichter hin und her: they skipped about, darted to and fro like will-o'-the-wisps
49-50 welche sie unter die Erde gebracht (hatten)	whom they had speeded along on their way to the grave
51 jenseits	in the hereafter
vernommen	= vernommen hatten
53 und (der) manchen Vorgänger unterm (= unter dem) Boden hatte	[and who had many a predecessor under the ground], and who had many a predecessor resting in his grave
53-54 erhob sich --- Standpunkt	finally expressed the prevailing opinion of the town
55 unter so bewandten Umständen	under these circumstances

(etwas) erhalten, ie, a, ä	to maintain (s.th.)
auf/fordern	to call upon, ask
an/vertrauen	to entrust
Gebrauch machen von	to make use of
ab/reisen	to depart, leave
dagegen	in return
das Zeugnis, -se	certificate
aus/stellen	to issue
die Gefälligkeit, -en	kindness, favor
das Anerbieten	offer, proposal
sich begnügen mit	to be satisfied with
sich schieben = ab/- schieben, o, o	(colloq.) to leave
abhanden kommen, a, o	to get lost
der Kaufmann, ⁚er	businessman
der Wechsel, -	promissory note, draft
jmdn. aus/spionieren	to track s.o. down
jmdm. etwas an/zeigen	to point out s.th. to s.o., report s.th. to s.o.
jmdm. Trotz bieten, o, o	to defy s.o.
der Aufenthalt	whereabouts, place
etwas an/geben, a, e, i	to name, state
betragen, u, a, ä	to amount to
jmdm. in (den) Sinn kommen, a, o	to occur to s.o.
übel	bad

nicht zu erhalten wäre, wenn die Toten wieder zum Vorschein kommen sollten. Er erließ daher ein halb offi-
zielles Schreiben an die beiden Wundermänner, in welchem er sie aufforderte, in der ihm von Gott anvertrau-
60 ten Stadt von ihrer Kunst keinen Gebrauch zu machen,
sondern sogleich abzureisen und hier es beim alten be-
wenden zu lassen. Dagegen erbot er sich, ihnen viel
Geld aus dem allgemeinen Seckel zu zahlen und ihnen
ein Zeugnis auszustellen, daß sie wirklich imstande
65 seien, Tote aufzuerwecken. Die beiden Wundermänner
antworteten, aus Gefälligkeit, und weil er es wäre,
wollten sie sich mit dem Anerbieten begnügen, nahmen
Geld und Zeugnis und schoben sich. Es heißt, sie hätten ihren Weg nach der Schweiz genommen.

Polizeiliches

In Paris kam einem Kaufmann ein Wechsel abhanden;
er spionierte den Dieb aus, zeigte dessen Wohnung der
Polizei an. Diese fand in der Wohnung den Dieb zwar
nicht, aber alle Beweise von dessen Schuld und eine
5 schöne Dame, welche der Polizei Trotz bot und den Auf-
enthalt des Diebes nicht angeben wollte. Die Polizei
ließ die Dame, wo sie war, und nahm nur die Schriften
mit, bei welchen jedoch der Wechsel, der viertausend
Franken betrug, nicht war.

10 Am folgenden Morgen kam der Polizei in Sinn, wenn
sie die Dame hätte, so könnte es nicht übel sein; sie
wollte sie holen, fand aber, wie jedes Kind begreifen

57-58 ein Schreiben er-
lassen

to send a letter, communi-
cation to

61-62 es beim alten be-
wenden lassen

to let things remain as they
are, let the matter rest

63 der allgemeine Seckel
(= Säckel)

the treasury

66 und weil er es wäre

and because it was he (who
had asked)

69 die Schweiz

Switzerland

Polizeiliches

matters of concern, interest
to the police

7 die Schriften

(plur.) papers

9 der Frank, -en, -en

franc, (here: an obsolete
French coin of gold or silver)

156

sich beschweren über	to complain about
die Nachlässigkeit	negligence
berüchtigt	notorious
die Anzüglichkeit, -en	personal remark, invective
die Dauer	duration, continuance
die Kleinigkeit, -en	trifle
sich befassen mit	to concern o.s. with
nämlich	that is to say
Obacht halten, ie, a, ä = Obacht geben, a, e, i	to observe closely
die Vermutung, -en	assumption, guess
nebenbei	in addition, besides
dafür sorgen, daß	to see to it that
weder ... noch	neither ... nor
fatal	annoying, dreadful
die Blöße	nakedness
bedecken	to cover

wird, den Vogel ausgeflogen. Der Kaufmann beschwerte
sich bitter über die Nachlässigkeit der Polizei und
15 ihre Galanterie gegen berüchtigte Damen, wahrscheinlich sagte er Anzüglichkeiten. Aber wohl, der Polizeiminister donnerte ihn von oben herab nieder mit der
Antwort, daß die Polizei jetzt während der Dauer der
Deputiertenkammer (das heißt während der Großratssitzung
20 in Paris) mit solchen Kleinigkeiten sich nicht befassen
könne; er müßte nämlich Obacht halten, mit wem die Deputierten redeten, zu wem sie gingen, bei wem sie speisten.

Wir erlauben und die Vermutung, daß er nebenbei
auch dafür gesorgt haben wird, daß den Deputierten weder
25 Hüte noch Mäntel gestohlen würden. Denn es wäre doch
fatal, wenn, während man für das Vaterland sich opfert,
die Hülle gestohlen würde, womit man seine Blöße bedeckt,

13	den Vogel ausgeflogen	that she had flown the coop
15	die Galanterie	gallant conduct
16	aber wohl	all the same
16-17	der Polizeiminister	chief of police
17	donnerte ihn von oben herab nieder	[thundered him down from above], condescendingly reprimanded him in such a sharp and loud voice that the businessman no longer dared to say anything
17-18	mit der Antwort	[with the reply], the chief's explanation was
19	die Deputiertenkammer	Chamber of Deputies
	die Großratssitzung	session of the legislature
23	wir	= Gotthelf. In this paragraph the author proceeds to draw a few ironic conclusions. At the same time he feigns learnedness by referring to the Bible.
	er	the chief of police
25-27	denn es --- bedeckt	for it would indeed be dreadful if the clothing, with which one covers one's nakedness, were to be stolen, while one sacrifices oneself for the fatherland

158

mürbe = fadenscheinig	threadbare
die Hose, -n	trousers
an/tun, a, a = an/- ziehen, o, o	to put on
der Riß, Risse	tear, rent
weiland	formerly
bekanntlich	as is well-known
decken	to cover
hinlänglich	adequately, sufficiently
jmdm. etwas (zu gut =) zugute halten, ie, a, ä	to pardon s.o. s.th.
vollständig	complete

```
        und fatal wäre es, wenn zum Beispiel einer mürbe Hosen
        angetan hätte und diese einen Riß erhielten und jetzt
   30   so der arme Schelm unters Volk sollte in seiner Blöße
        wie weiland Noah unter seine Söhne, denn bekanntlich
        sollten Väter ihre Blöße vor ihren Kindern decken.
        Wenn also der Polizeiküng in Paris für die Mäntel der
        Deputierten hinlänglich gesorgt hat, so halten wir es
   35   ihm vollständig zu gut, wenn er nebenbei sonst manches
        übersah.
```

28-31 wenn zum Beispiel --- Söhne	if for instance someone had put on threadbare trousers which would tear, and at that moment the poor wretch was to go among the people in his nakedness as formerly Noah went among his sons
31-32 wie weiland --- decken	Genesis 9:20-27
33 der Polizeiküng	= der Polizeikönig
35-36 wenn er --- übersah	if in passing he overlooked this and that

----

QUESTIONS

Wie man kaputt werden kann

entgegnen	to answer
ehrlich	honest
sich verhalten, ie, a, ä	to act, behave
Wie ist Ihnen zumute?	How do you feel?
behaglich	easy, comfortable
erquickend	refreshing
hintergehen, i, a	to deceive
eine Diagnose stellen	to make a diagnosis
sich auf/hängen	to hang o.s.

(1) Warum lag der Geizhals im Bett?

(2) Weshalb war er so einsam?

(3) Was entgegnete der Arzt, als der Geizhals ihn bat, doch ehrlich zu sein und ihm zu sagen, wie lange er noch zu leben habe?

(4) Wie verhielt sich der Kranke, als er hörte, was
    der Arzt zu sagen hatte?

(5) Wo kroch der Kranke hin, sobald der Arzt das Haus
    verlassen hatte?

(6) Woraus bestand das Päcklein?

(7) Was machte er mit dem Päcklein?

(8) Wo setzte sich der Geizhals hin?

(9) Wie war dem Kranken zumute?

(10) Warum kroch der Geizhals wieder zu seinem Bett
     hin?

(11) Weshalb hatte der Kranke die Flammen zu seinem
     einzigen Erben gemacht?

(12) Was geschah, als der Mann im Bett lag?

(13) Wo glaubte der Mann sich zu befinden, als er auf-
     wachte?

(14) Für wen hielt er anfangs den Arzt?

(15) Was hatte den Geizhals gerettet?

(16) Wie verhielt sich der Geizhals, als er hörte, was
     der Arzt sagte?

(17) Was glaubte der Arzt?

(18) Was riet der Arzt dem Mann?

(19) Welche Gedanken hatte der Arzt, als er hinaus-
     ging?

(20) Wie stieg der Arzt am nächsten Morgen die Treppe
     hinauf?

(21) Wo war der alte Mann?

(22) Wen hatte der Geizhals betrügen wollen?

(23) Wen hatte er in Wirklichkeit betrogen?

Ein anderes Kaputtwerden

verlauten lassen	to hint, intimate
das Bedenken, -	doubt
auf/treten, a, e, i	to behave, act
beweisen, ie, ie	to prove
die Absicht, -en	intention
betrügen, o, o	to deceive
entkommen, a, o	to escape

161

jmdn. wieder/erwecken	to wake s.o. from the dead
angeblich	(adv.) supposedly
zu Lebzeiten	during his lifetime
fort/schlummern	to continue sleeping, sleep on
das Vermögen	property, assets
erben	to inherit
verschiedene	(plur.) various
in Angst geraten, ie, a, ä	to be struck with fear
um/bringen, brachte um, umgebracht	to kill
aus/plaudern	to blab, divulge
was ... betrifft	as for, as to
stören	to disturb
bewerkstelligen	to manage, bring about
die Stadtkasse	town treasury
das Angebot, -e	offer
wahrscheinlich	probably

(1) Aus welchem Grunde kamen die beiden jungen Ärzte in die kleine Stadt?

(2) Was ließen die jungen Ärzte verlauten?

(3) Wie verhielten sich die Einwohner anfangs den Ärzten gegenüber?

(4) Weswegen kamen den Einwohnern aber doch bald Bedenken?

(5) Was wollten die beiden Ärzte nach drei Wochen tun?

(6) Wie wollten die Ärzte den Leuten beweisen, daß sie nicht die Absicht hatten, sie zu betrügen?

(7) Von wem erhielten die Ärzte am Tage vor dem großen Wunder einen Brief?

(8) Warum ist es besser für die Frau, nicht wiedererweckt zu werden?

(9) Wie wollte der Briefschreiber ganz sichergehen, daß die Ärzte seine Frau nicht wiedererweckten?

(10) Weshalb wollte der Neffe seinen Onkel angeblich nicht aus dem Todesschlaf wecken lassen?

162

(11) Warum sollte der Onkel in Wirklichkeit in seinem Grabe fortschlummern?

(12) Worum baten verschiedene Witwen die jungen Ärzte inständig?

(13) Wer geriet in allergrößte Angst?

(14) Warum?

(15) Wann würde der Frieden der Stadt gestört werden?

(16) Worum bat der Bürgermeister die beiden Ärzte in seinem Schreiben?

(17) Wie wollte der Bürgermeister dies bewerkstelligen?

(18) Wie reagierten die Ärzte auf das Angebot des Bürgermeisters?

(19) Was ist wahrscheinlich geschehen?

Polizeiliches

ausfindig machen	to find, discover
ermitteln	to discover, find out
sich auf/halten, ie, a, ä	to be, stay
sich ein/fallen lassen	to take into o's head (to do)
jmdm. ein/fallen, ie, a, ä	to occur to s.o.
sich (dat.) etw. aus/-rechnen	to figure s.th. out
sich davon/machen	to clear out
sich benehmen, a, o, i	to behave
jmdn. zurecht/weisen, ie, ie	to reprimand s.o.
tagen	to meet, deliberate
nicht aus den Augen lassen	not to lose sight of a p.
vor/fallen, ie, a, ä	to happen, occur
sich kümmern um	to look after, take care of

(1) Was wurde einem Kaufmann in Paris gestohlen?

(2) Wie wußte die Polizei, wo der Dieb wohnte?

(3) Was fand die Polizei in der Wohnung des Diebes?

163

(4) Warum konnte die Polizei nicht ermitteln, wo der Dieb war?

(5) Was nahm die Polizei mit?

(6) Was ließ sich die Polizei erst am nächsten Morgen einfallen?

(7) Was hätte sich jedes Kind schon vorher ausrechnen können?

(8) Wie benahm sich der Kaufmann der Polizei gegenüber, nachdem ihm deren Nachlässigkeit zu Ohren gekommen war?

(9) Wie reagierte der Polizeiminister, als er den Kaufmann so reden hörte?

(10) Warum hatte der Polizeiminister keine Zeit, sich mit Kleinigkeiten zu befassen?

(11) Wofür wird der Polizeiminister nebenbei auch noch gesorgt haben?

(12) Was könnte geschehen, während man sich für das Vaterland opfert?

(13) Was könnte vorfallen, wenn einer einmal fadenscheinige Hosen angezogen hätte?

(14) Was sollten Väter bekanntlich tun?

(15) Warum sollte man dem Polizeiminister nicht böse sein, wenn er so manches übersah?

der Hofmann = der Höfling, -e	courtier
verrückt	crazy, mad
die Zerstreuung = die Zerstreutheit	absentmindedness
gering	slight
berechtigen = berechtigt sein zu	to be entitled to
die Täuschung, -en	deception, delusion
der Anspruch, ⁻e	demand
gerecht	legitimate, well-founded
erscheinen, ie, ie	to appear
der Erfolg, -e	result
die Bemühung, -en	effort
schriftlich	in writing
entgegen/nehmen, a, o, i	to accept, receive
indes	however, nevertheless
berücksichtigen	to consider

165

ADOLF BRENNGLAS (1810-1876)

Aus dem Denkbuche eines Hofmannes

Ich will sagen:	Ich sage:
Der Kerl ist verrückt!	Jener Herr leidet an ununter-brochener Zerstreuung.
5 Sie haben nicht das ge-ringste Talent.	Sie berechtigen zu den schön-sten Hoffnungen in dieser Welt der Täuschung.
Sie werden die Anstel-lung nicht erhalten. 10	Wenn Ihre Ansprüche gerecht erscheinen, unterliegt die Be-setzung dieser Stelle keinem Zweifel.
Bleiben Sie mir vom Halse!	Ich bitte Sie, den Erfolg mei-ner Bemühungen für Sie schrift-lich entgegennehmen zu wollen.
Die Stelle ist längst 15 vergeben.	Es ist alles getan; man scheint indes Ihr Talent und Ihre An-sprüche für den Moment nicht berücksichtigen zu wollen.

das Denkbuch = das Ge-denkbuch	journal, diary
4-5 Sie berechtigen zu den schönsten Hoffnungen	you are a man of great prom-ise
8-10 unterliegt --- kei-nem Zweifel	there shall be no doubt as to an appointment to this post
11-12 Bleiben Sie mir vom Halse!	Leave me alone!
11-13 Ich bitte --- ent-gegennehmen zu wollen (= entgegenzunehmen).	I am asking you to accept in writing the result(s) of my efforts on your behalf.
14-15 Die Stelle ist längst vergeben.	This post was filled long ago.
14 es ist alles getan	= es ist alles für Sie getan worden or ich habe alles für Sie getan

166

zuweilen	now and then
die Wendung, -en	manner, way of expression
fürchterlich	terrible, frightful
sich beurlauben	to take o's leave
langweilig	boring
die Vorlesung, -en	lecture
gütig	kind
die Mitteilung, -en	information
die Bedeutung	significance, importance
jmdm. verpflichtet sein	to be indebted to s.o.
der Gegenstand, ⁻e	subject
ausgezeichnet	excellent, superior
gespannt sein auf	to be most anxious to know, look forward most anxiously to
der Schluß, ⁻sse	end, conclusion
jmdn. zufrieden lassen	to leave s.o. alone
geistvoll	witty
zuvor/kommen, a, o	to anticipate
sich entfernen	to leave
das Zuchthaus, ⁻er	penitentiary
zuchtlos	intractable, dissolute
zurück/ziehen, o, o	to retire, withdraw

Ich werde Sie zur Tür
hinauswerfen lassen!

20 Sie reden dummes Zeug.

Mich hungert fürchter-
lich; haben Sie nichts
zu essen?
25

(Nach einer langweili-
gen politischen Vor-
lesung.)

(Nach einer langweili-
30 gen ästhetischen Vor-
lesung.)

Wann wird Ihre langwei-
lige Erzählung endigen?

35 Lassen Sie meine Frau
zufrieden!

Er ist zur Tür hinaus-
geworfen worden.

40 Der Kerl hat zwei Jahre
Zuchthaus bekommen.

18-19 jmdn. zur Tür hin-
auswerfen

20 dummes Zeug

22 Sie entschuldigen

24-25 dejeunieren =
frühstücken

38-39 Man ist --- zuvor-
gekommen.

Mein Diener kennt meinen Willen, zuweilen allein zu sein.

Ihre Wendungen sind etwas
originell.

Sie entschuldigen, wenn ich
mich beurlaube: ich weiß,
daß Sie um diese Zeit dejeunieren.

Sie haben uns durch Ihre gü-
tige Mitteilung die große Bedeutung der Zeit fühlen lassen.

Wir sind Ihnen für Ihr Lesen
verpflichtet. Kennen Sie über
denselben Gegenstand das Werk
X.X.? Ausgezeichnet!

Ich bin sehr auf den Schluß
gespannt.

Die Baronin wird auf Ihre
geistvollen Komplimente nichts
zu antworten wissen.

Man ist seinem Wunsche, sich
zu entfernen, zuvorgekommen.

Der Mann hat sich aus dieser
zuchtlosen Welt auf zwei Jahre
zurückziehen lassen.

to throw s.o. out

nonsense

you will pardon me

to have breakfast

One has anticipated his wish
to leave.

168

nachlässig	negligent, careless
der Beweis, -e	proof
die Notwendigkeit, -en	necessity
der Staatsdiener, -	civil servant, state official
der Künstler, -	artist
übervölkern	to overpopulate
die Grobheit, -en	rudeness, discourtesy
die Edelleute	(plur.) nobility, noblemen
der Adel	aristocracy, nobility
ab/schaffen	to abolish, do away with

Ich habe kein Geld, um   Aber mein Sekretär ist wirk-
Ihnen Ihre Rechnung zu   lich ein nachlässiger Mensch.
45 bezahlen.   Zwei Jahre, es ist kaum zu
                            glauben! Geben Sie die Rech-
                            nung her! Adieu!

Logische Beweise
für
die Notwendigkeit der Staatsdiener, Künstler etc.

Ärzte. Gäbe es keine Ärzte, so gäbe es auch keine Krankheiten: gäbe es keine Krankheiten, so wäre
auch kein Tod; wäre kein Tod, so blieben wir alle leben; blieben wir alle leben, so würde die Welt über-
5 völkert: die Welt darf aber nicht übervölkert werden,
ergo muß es auch Ärzte geben.

Diplomaten. Gäbe es keine Diplomaten, so spräche
jeder Mensch die Wahrheit; spräche jeder Mensch die
Wahrheit, so müßten wir alle Tage die größten Grobhei-
10 ten hören; müßten wir alle Tage die größten Grobheiten
hören, so liefe uns endlich die Galle über: die Galle
soll uns aber nicht überlaufen, ergo muß es auch Diplomaten geben.

Edelleute. Gäbe es keine Edelleute, so existier-
15 te auch kein Adel; existierte kein Adel, so könnten wir
ihn auch nicht abschaffen: wir wollen aber den Adel
abschaffen, ergo muß es auch Edelleute geben.

---

44 Ihre Rechnung   the money that I owe you
47 Adieu!   Good-bye!

4-5 würde ... übervölkert   = würde ... übervölkert werden
6 ergo (Lat.) = also,   therefore, hence
folglich
9 alle Tage   jeden Tag
11 die Galle läuft uns über   we are getting angry, furious
16-17 wir wollen --- ab-   After the «March Revolution»
schaffen   in 1848 the German National
                            Assembly convened in Frankfurt
                            am Main. A constitution was
                            completed on March 28, 1849
                            and published on April 28 of
                            the same year; part of par.
                            137 read: «The nobility as
                            an estate is abolished.»

die Hetäre, -n	courtesan, prostitute
die Tugend, -en	virtue
der Zobel, -	sable
die Regierung, -en	government
verschiedene	(plur.) various

Hetären. Gäbe es keine Hetären, so gäbe es nichts
als Tugend; gäbe es nichts als Tugend, so brauchten wir
20 auch keine Gesetze; brauchten wir keine Gesetze, so
brauchten wir auch keinen Staat; brauchten wir keinen
Staat, so wäre auch Spanien keiner; wäre Spanien keiner,
so wären auch Christine und Isabella keine Königinnen:
Christine und Isabella sind aber Königinnen, ergo muß
25 es auch Hetären geben.

Zoologen. Gäbe es keine Zoologen, so gäbe es auch
keine Tiere; gäbe es keine Tiere, so gäbe es auch keine
Zobel; gäbe es keine Zobel, so existierte auch kein Sibirien; existierte kein Sibirien, so gäbe es auch keine
30 russische Regierung; gäbe es keine russische Regierung,
so könnten auch die Russen nicht regiert werden: die
Deutschen müssen aber regiert werden, ergo muß es auch
Zoologen geben.

Logische Beweise
für die Notwendigkeit verschiedener Existenzen

Gott. Gäbe es keinen Gott, so existierten auch
keine Menschen; existierten keine Menschen, so gäbe es
wahrscheinlich auch keine Deutsche; gäbe es wahrschein-

---

23 Christine; Isabella   Maria Christina (1806-1878),
                                wife of Ferdinand VII (1784-
                                1833), king of Spain. After
                                the king's death Maria Chris-
                                tina became regent for her
                                daughter, Isabella II (1830-
                                1904), who was queen of Spain
                                until 1868, when she was de-
                                posed.

31-32 die Deutschen   The author's switch from «Rus-
                                sians» to «Germans» may be a
                                sarcastic hint that the Ger-
                                mans are in even greater need
                                to be governed than the Rus-
                                sians.

---

die Existenzen   (here) beings, occupations,
                                articles, concepts

3, 4 keine Deutsche   = keine Deutschen

172

vertreten, a, e, i	to represent
sparen	to save
wohlhabend	wealthy
übermütig	arrogant, haughty
achten	to respect
jetzig	present (time)
der Paß, Pässe	passport
sich aus/weisen, ie, ie	to prove o's identity
ehrlich	honest
die Ausnahme, -n	exception
der Spitzbube, -n	thief, rascal

lich keine Deutsche, so hätten sie sich in Frankfurt
5 auch nicht vertreten lassen können; hätten sie sich
in Frankfurt nicht vertreten lassen können, so wäre
auch nicht so viel Menschenblut in Dresden und Baden
geflossen: es ist aber so viel Menschenblut in Dresden und Baden geflossen, ergo muß es auch einen Gott
10 geben.

Soldaten. Gäbe es keine Soldaten, so kosteten
sie auch kein Geld; kosteten sie kein Geld, so sparte
Deutschland jährlich 100 Millionen Taler; sparte Deutschland jährlich 100 Millionen Taler, so könnten wir wohl-
15 habend werden; könnten wir wohlhabend werden, so würden
wir gewiß übermütig; würden wir gewiß übermütig, so ach-
teten wir vielleicht unsre jetzigen Regierungen nicht:
wir müssen aber in jedem Fall unsre jetzigen Regierungen achten, ergo muß es auch Soldaten geben.

20 Pässe. Gäbe es keine Pässe, so könnten wir uns
auch nicht als ehrliche Menschen ausweisen; könnten wir
uns nicht als ehrliche Menschen ausweisen, so wären
wir - mit Ausnahme derjenigen, die keine Pässe brauchen - alle Spitzbuben: wir sind aber - mit Ausnahme

4-5	so hätten --- können	Frankfurt am Main was the seat of the ill-fated German National Assembly. After months of deliberations the Assembly was dissolved on June 6, 1849.
6-8	so wäre --- geflossen	Dresden, capital of the former state of Saxony, and Baden, a former state in southwest Germany, were the sights of renewed bloody uprisings after Friedrich Wilhelm IV of Prussia (1795-1861) refused to accept the imperial crown from the German National Assembly, which represented the people. The Revolution of 1848 had failed.
13	Taler	thaler, three-mark piece (an old coin)
18	in jedem Fall	in every single instance
23	derjenigen, die	of those who

174

die Gerechtigkeit	justice
der Zoll, -	inch
die Gefängnisstrafe	imprisonment
die Mütze, -n	cap
belohnen	to reward

25 derjenigen, die keine Pässe brauchen - nicht alle Spitzbuben, ergo muß es auch Pässe geben.

Gerechtigkeit. Gäbe es keine Gerechtigkeit, so
wäre in Berlin auch kein Kind zu vierwöchentlichem Gefängnis verurteilt worden, weil es eine drei Zoll lange
30 rote Feder auf der Mütze getragen hatte; wäre in Berlin
kein Kind zu vierwöchentlicher Gefäng(nis)strafe verurteilt worden, weil es eine drei Zoll lange rote Feder
auf der Mütze getragen hatte, so trügen alle Berliner
Kinder rote Federn auf der Mütze, so bräche in Deutsch-
35 land der Kommunismus aus; bräche in Deutschland der
Kommunismus aus, so wanderten alle unsere Edelleute
nach Amerika: Amerika will aber unsere Edelleute nicht:
ergo müssen wir sie behalten.

Teufel. Existierte kein Teufel, so gäbe es auch
40 keine Hölle; gäbe es keine Hölle, so kämen wir alle in
den Himmel; kämen wir alle in den Himmel, so kämen die
auch hinein; kämen die auch hinein, so wäre der Himmel
kein Himmel; wäre der Himmel kein Himmel, so könnten
auch die Gutgesinnten nicht belohnt werden: die Gut-
45 gesinnten müssen aber belohnt werden, ergo muß es auch
einen Teufel geben.

28-29 zu vierwöchentlichem   to sentence to four weeks in
Gefängnis verurteilen = zu   jail
vier Wochen Gefängnis verurteilen

41 die   i.e., people who don't de-
                                serve to go to heaven

44 die Gutgesinnten   righteous, virtuous people

QUESTIONS

Aus dem Denkbuche eines Hofmannes

der Geisteszustand   mental state

der Ansicht ... nach   in the opinion of

begabt   talented, able

jmdm. seine Meinung sagen   to let a p. know o's mind

Anspruch haben auf   to be entitled to

verkehren   to associate

angeblich   (adv.) supposedly

176

sicher/gehen, i, a	to be certain
ein/laden, u, a, ä	to invite
verlegen	embarrassed
der Vortragende, -n, -n	lecturer
beleidigen	to insult
veranlassen	to induce, make (a p. do)
belästigen	to annoy, molest
auf gut deutsch	clearly, plainly, bluntly
jmdm. die Schuld zu- zuschieben suchen	to attempt to put the blame on s.o.

(1) In welchem Geisteszustand befindet sich der andere der Ansicht des Höflings nach?

(2) Wie begabt ist der Mann, dem der Höfling seine Meinung sagen will?

(3) Warum wird der Mann die Anstellung nicht erhalten?

(4) Warum will der Höfling mit dem anderen nur schriftlich verkehren?

(5) Warum hat der Mann die Stelle angeblich nicht erhalten?

(6) Wer wird den Mann zur Tür hinauswerfen?

(7) Als was lassen sich die etwas originellen Wendungen des anderen auch bezeichnen?

(8) Wie will der Höfling sichergehen, daß man ihn zum Frühstück einlädt?

(9) Warum hat der Vortragende seine Zuhörer die große politische Bedeutung der Zeit nicht fühlen lassen?

(10) Auf welche Weise beleidigt der Höfling den Vortragenden nach seiner langweiligen ästhetischen Vorlesung?

(11) Wie will der Höfling den Vorlesenden veranlassen, seine langweilige Erzählung so schnell wie möglich zu Ende zu bringen?

(12) Wie will der Höfling den anderen davon abhalten, seine Frau zu belästigen?

(13) Wie ist man dem Wunsch des Mannes, sich zu entfernen, zuvorgekommen?

(14) Was heißt auf gut deutsch «Der Mann hat sich aus dieser zuchtlosen Welt auf zwei Jahre zurückziehen lassen»?

(15) Wem sucht der Höfling die Schuld zuzuschieben,
daß die Rechnung noch nicht bezahlt ist?

Logische Beweise für die Notwendigkeit der Staatsdiener, Künstler etc.

unbedingt	(adv.) absolutely
ein/treten, a, e, i	to occur, happen
das Ereignis, -se	event
sich Grobheiten an den Kopf werfen	to say rude things to one another
sich ereignen	to happen, take place
die Folge, -n	consequence, result
eben	(adv.) exactly, precisely

(1) Wann würde es keine Krankheiten mehr auf der Welt geben?

(2) Was würde geschehen, wenn es keinen Tod gäbe?

(3) Aus welchem Grund brauchen wir unbedingt Ärzte?

(4) Welches Ereignis würde eintreten, wenn es keine Diplomaten gäbe?

(5) Was müßten wir dann jeden Tag hören?

(6) Warum muß es Diplomaten geben?

(7) Was könnten wir nicht tun, wenn es keinen Adel gäbe?

(8) Was würde sich ereignen, wenn es keine Hetären gäbe?

(9) Wann brauchten wir keine Gesetze mehr?

(10) Was wäre Spanien, wenn wir keinen Staat brauchten?

(11) Welche Folgen würde das für Christine und Isabella haben?

(12) Warum muß es Hetären geben?

(13) Wann würde es keine Tiere mehr geben?

(14) Was würde nicht existieren, wenn es keine Zobel gäbe?

(15) Wann gäbe es keine russische Regierung mehr?

(16) Warum muß es Zoologen geben?

178

Logische Beweise für die Notwendigkeit verschiedener
Existenzen

sich ab/spielen	to happen, take place
der Aufstand, ⸚e	uprising, revolt
sich ereignen	to happen, take place
der Übermut	haughtiness, arrogance
sich zu/tragen, u, a, ä	to occur, happen
die Belohnung, -en	reward

(1) Wer würde nicht existieren, wenn es keinen Gott gäbe?

(2) Wer hätte sich in Frankfurt nicht vertreten lassen können?

(3) Was hat sich in Dresden und Baden abgespielt?

(4) Warum muß es einen Gott geben?

(5) Wann würden Soldaten kein Geld kosten?

(6) Was könnte sich ereignen, wenn Deutschland jährlich 100 Millionen Taler sparte?

(7) Wozu könnte der Übermut der Leute führen?

(8) Warum muß es Soldaten geben?

(9) Wann könnten wir uns nicht als ehrliche Menschen ausweisen?

(10) Wann wären wir alle Spitzbuben?

(11) Warum muß es Pässe geben?

(12) Weshalb wurde ein Kind in Berlin zu vier Wochen Gefängnis verurteilt?

(13) Was wäre geschehen, wenn man das Kind nicht zu vier Wochen Gefängnis verurteilt hätte?

(14) Wann würden die Edelleute nach Amerika auswandern?

(15) Warum müssen wir unsere Edelleute behalten?

(16) Wann gäbe es keine Hölle?

(17) Was würde sich zutragen, wenn es keine Hölle gäbe?

(18) Wann wäre der Himmel kein Himmel mehr?

(19) Warum muß es einen Teufel geben?

der Zauber	magical power
unbedingt	absolute, complete
die Burg, -en	castle, stronghold
sich betrachten = be- trachten	to look at, view
bauen	to build
der Dachfirst, -e	roof ridge
stolz	proud
auf/treten, a, e, i	to stamp
zertrümmern	to demolish, destroy
zu/hören	to listen
jmdm. pfeifen, i, i	to whistle for s.o.
der Prahler, -	braggart
gebieten, o, o	to command

BERTHOLD AUERBACH (1812-1882)

Hausruhm

König Salomo der Weise soll der Sage nach durch
einen Zauber die Stimmen aller Vögel verstanden und un-
bedingte Macht über diese besessen haben. Und so schaut
König Salomo eines schönen Morgens aus seiner Burg Zion
5 zum Fenster hinaus und betrachtet sich mit Behagen den
Tempel, den er da gebaut hat. Da hört er einen Sperling, der mit einem andern auf dem Dachfirste sitzt,
zu diesem sagen: «Der König Salomo ist so stolz darauf,
diesen mächtigen Tempel gebaut zu haben, und ich, ein
10 kleiner Sperling, wenn ich mit meinem linken Fuß dreimal stark auftrete, zertrümmere ich das ganze Gebäude.»
Der Zuhörende schüttelt den Kopf und schaut den Mächtigen staunend an. König Salomo aber pfeift dem Prahler
und gebietet ihm, schnell zu ihm an's Fenster zu flie-

Hausruhm	[fame at home], the master of the house in search of fame and glory
1 König Salomo	Solomon (10th century B.C.), king of the Hebrews, son of David and Bathsheba. Solomon was noted for his wisdom and wealth. He is also credited with an interest in botany and natural history and is said to have been lord over all beasts and birds with the power to understand their speech.
der Sage nach	according to legend
4 Zion	Originally name of a fortress at Jerusalem conquered by David. Christian tradition names the southwestern hill of the city as Zion, but Zion is properly the southern part of the eastern hill, where the temple was built. The entire hill was then named Zion.
5-6 den Tempel, den er da gebaut hat	Solomon built the first Hebrew temple in Jerusalem.
8 zu diesem	= zu diesem anderen Sperling
12-13 den Mächtigen	= den mächtigen Sperling
13 staunend	in amazement

unweigerlich	without fail
der Knirps, -e	whippersnapper, shrimp
sich berühmen = sich rühmen (+ gen.)	to boast of, brag of s.th.
die Übermacht	superior power
das Ansehen	reputation, prestige
wiederum	again
erhaben	lofty
der Stolz	pride
jmdn. zu Tisch laden, u, a, ä	to ask s.o. to dinner
ein/hauen, hieb ein, eingehauen	to lay in a good meal, plough into
glitzern	to glisten
glänzen	to shine, sparkle

15 gen. Das geschieht auch unweigerlich und König Salomo
spricht: «Wie kannst du kleiner Knirps nur so übermütig frech sein und dich einer solchen Übermacht be-
rühmen?» Drauf erwidert der Sperling: «Nimm es nicht
übel, lieber König, es ist meine Frau, zu der ich das
20 gesagt habe, und du weißt ja, vor seiner Frau gibt man
sich gern ein Ansehen.» «Hast recht, flieg' ab.» Salomo macht das Fenster zu, und der Vogel fliegt ab,
wiederum zu seiner Frau und erzählt ihr mit erhabenem
Stolz, daß er dem König heilig versprochen habe, nie
25 von seiner Gewalt Gebrauch zu machen.

Der König kommt

Ein Mann war zu Tische geladen und sagte immer:
«Ich bin so voll, ich kann eigentlich gar nichts mehr
essen.» Dabei hieb er indes doch nicht faul ein. Endlich aber sagte er: «Nun ist's genug.» Da kam zuletzt
5 noch ein schön Spanferkelchen, das glitzerte so unschuldig und rein, daß einem die Augen glänzten, wenn man's
ansah. Dem Gaste wird ein schön Stück angeboten, er
nimmt's, und auch Kartoffelsalat nebst Füllsel dazu,

15 auch	(here) really, actually
16-17 wie kannst du ... nur ... sein?	how can you ... possibly be?
18 drauf	= darauf
20-21 gibt man sich gern ein Ansehen	one likes to look good
24 jmdm. etwas heilig versprechen	to promise s.th. solemnly to s.o.
2 gar nichts mehr	nothing more
3 Dabei hieb --- ein.	Nevertheless he helped himself in the meantime [indeed not un-generously =] quite generously.
5 ein schön(es) Spanferkelchen	a delicious roasted piglet
6 daß einem die Augen glänzten	that one's eyes [shone =] would sparkle; cp. also Der alte Großvater und der Enkel (no. 33), ftn. 1. 5
7 ein schön Stück	= ein schönes Stück
8 das Füllsel	stuffing

verzehren	to eat (up), dispose of
der Hauswirt, -e = der Hausherr, -n, -en	master of the house, host
zusammen/rücken	to move together, closer to each other
der Hofstaat	(royal) household, court
undeutlich	unintelligible, unclear
allerhöchst	very much, highly
die Schwenkung, -en	wheeling, turning movement
schnarren	to rasp
das Reiterregiment, -er	cavalry regiment
der Tschako, -s	shako
wiederholen	to repeat

und verzehrt's mit Lust. «Ich begreife aber gar nicht»,
10 sagte der Hauswirt, «wie Ihr das noch essen könnt? wo
findet Ihr denn Platz?» «Ja», sagte der Gast, «das ist
gerade, wie wenn der Marktplatz ganz voll ist, Kopf an
Kopf, es kann kein Mensch mehr hinein; auf einmal heißts:
"der König kommt!" da rückt alles zusammen, und es gibt
15 Platz für ihn und seinen Hofstaat.»

Der getreue Adjutant

Ein Fürst, der sehr undeutlich sprach, es aber
allerhöchst übel nahm, wenn man nicht recht verstand,
was er sagte, hielt einmal eine große Heerschau, oder
wie es vornehmer heißt, eine Revue. Er will nun eine
5 Schwenkung machen lassen und sagt dem Adjutanten in
schnarrendem Ton: «Heradetant General von der vierten
Schwadron vom dritten Reiterrejiment kommdieren radarada hidarada, deremdem!» Der Adjutant legt die Hand
an den Tschako und sagt in fragendem Ton: «Majestät
10 befehlen?» Dieser wiederholt: «Jeneral kommdiern –

9	mit Lust	with gusto
10	Ihr	cp. Das wohlfeile Mittagessen (no. 8), ftn. 1. 14
10-11	wo ... denn	where on earth
12-13	Kopf an Kopf	closely, tightly packed
13	auf einmal heißts (= heißt es)	suddenly they say
	getreu	= treu
1-2	es aber allerhöchst übel nahm = der es aber allerhöchst übelnahm	[who, however, took it very badly], but who, nevertheless, was highly offended
3	eine Heerschau halten	to review the troops
6	Heradetant	= Herr Adjutant
7	die Schwadron, -en	squadron; formerly the smallest tactical unit of the cavalry
	Reiterrejiment	= Reiterregiment
7, 10	kommdieren, kommdiern	= kommandieren
7-8	radarada hidarada, deremdem	?
9-10	Majestät befehlen?	Your Majesty [commands =] wishes?
10	Jeneral	= General

186

zurück/jagen	to race back
stecken	to be, be hidden
das Märchen, -	fairy tale
brav	good, well-behaved
vollauf	plenty
sich ein/lassen auf, ie, a, ä	to agree, consent to
mühselig	difficult, hard
verrichten	to do, accomplish
wild	angry, furious
der Auftrag, ⁻e	task, assignment

radarada hidarada deramdam.» «Sehr wohl!» erwidert der
Adjutant und hup hup reitet er im gestreckten Galopp
davon bis zu dem General und sagt: «Majestät kommdieren radarada - hidarada deramdam.» Und wie der Wind
15 jagt er wieder zurück. Der General schreit ihm nach:
«Mordelement, was denn? was denn?» Der Adjutant kehrt
sich aber nichts daran und ist bald wieder auf seinem
Posten.

Was nun daraus geschehen sei, fragst du.

20   Ja, prost Mahlzeit, nicht alle Geschichten haben
ein End', und das hat auch sein Gutes; wir können bei
manchen noch selber das End' machen.

Wo steckt der Teufel?

In einem Märchen, es ist noch gar nicht alt, wird
erzählt, daß der Teufel einmal auf Arbeit ausging und
brav zu sein versprach, wenn man ihm vollauf zu tun
gebe. Die Menschen ließen sich darauf ein und gaben
5 ihm nun die mühseligsten Sachen zu verrichten; aber
kaum hatte man ihm gesagt, was er zu tun habe, war er
wie der Wind wieder da und sagte: «Ich bin fertig,
gebt mir Arbeit oder ich werde wild.» Die Menschen
wissen nun gar nicht, was sie anfangen sollen, bis
10 einer dem Teufel den Auftrag gibt, die Straße nach der

12 hup hup	hop! hop!	
im gestreckten Galopp	at full tilt	
16 Mordelement	hell and damnation	
was denn?	what is it?	
16-17 der Adjutant kehrt sich ... nicht(s) daran	the adjutant ... does not pay any attention	
20 ja, prost Mahlzeit	[no such a thing!; no, thank you!], well, don't ask me!	
21 und das hat auch sein Gutes	and that has its good side too	
2 auf Arbeit ausgehen	to be looking for work	
2-3 und brav zu sein ver- sprach	= und versprach, brav zu sein	

188

pflastern	to pave, pave with cobblestones
zu Wege bringen = zuwege bringen, brachte, gebracht	to accomplish
aus sein	to be finished
das Pflaster, -	pavement
wieder/kommen, a, o	to return
auf/nehmen (in), a, o, i	to admit (into, to), receive, welcome
die Akten	(plur.) documents, files, records
der Strahl, -en	beam, ray
dringen, a, u	to reach
das Loch, ¨er	hole
zu/stopfen	to plug
ein/dringen, a, u	to penetrate, enter
die Bewegung, -en	movement
ein/klemmen	to strangulate, stop
knebeln	to suppress, fetter
an/ziehen, o, o	to tighten
los/brechen, a, o, i	to break loose, burst forth
keuchen	to pant, gasp
rennen, rannte, gerannt	to run, race
protokollieren	to record, register
inquirieren	to investigate

nächsten Stadt so schnell zu pflastern, daß er sie sofort, beim Abfahren mit einer zweispännigen Kutsche,
immer vor sich gepflastert fände. Der Teufel brachte
auch das zu Wege.

15   Das Märchen endet nun damit, aber die Geschichte
ist darum noch nicht aus.

        Das Pflaster war fertig und der Teufel kam wieder
und sprach: «Gebt mir zu arbeiten oder ich werde wild.»
Jetzt wurde er in den Polizeistaat aufgenommen und ein
20 Schreiberbeamter nahm ihn zu sich und da hat er in den
Akten zu tun, daß er nicht fertig wird bis an den jüng-
sten Tag. Wo ein Strahl des Lichts oder eine freie
frische Bewegung in die Welt dringen will, da wird der
Teufel hingeschickt, um das Loch zuzustopfen, durch wel-
25 ches das Licht eindringt, und die freie Bewegung einzu-
klemmen und zu knebeln. Hat er da ein Loch zugestopft
und einen Strick fester angezogen, bricht's an der andern Seite wieder los und er keucht und rennt hin und
her und protokolliert und inquiriert und registriert

11-13 daß er --- fände	that, upon leaving with a car- riage drawn by two horses, he immediately would find the road [continuously =] already paved in front of him
15-16 aber die Geschichte --- aus	[but because of that the story is as yet not finished], but that doesn't mean that the story is finished
20 der Schreiberbeamte, -n, -n	clerk, official, bureaucrat
jmdn. zu sich nehmen = jmdn. einstellen	to employ, hire s.o.
21-22 der jüngste Tag	the Day of Judgment
22-26 Wo ein Strahl --- knebeln.	Wherever a ray of light or [a free and fresh movement =] a breath of fresh air wants to reach the world, the devil is (being) sent to plug the hole through which the light enters and [to jam in and gag the free movement =] to smother the breath of fresh air.

referieren	to report
auf/nehmen, a, o, i	to take down, draw up
siegeln	to seal, affix a seal (on a letter)
unnötig	unnecessary
jmdn. gewähren lassen	to let s.o. have his own way

```
30    und referiert, nimmt eine Supplik und eine Duplik auf
      und schreibt und sandelt und siegelt, daß gar kein Ende
      zu finden ist.

      Freilich ist dieses ganze Geschäft unnötig, und
      wenn man die Menschen mehr gewähren ließe, könnte man
35    die Hälfte des Amtierens ersparen; aber das ist es ja
      eben, die unnötigen Geschäfte sind immer die größten.

              Da steckt der Teufel.
      _____
```

30 die Supplik, -en = das Bittgesuch, -e	petition
die Duplik, -en (= die Gegenantwort)	rejoinder; the plea of a de- fendant is followed by the plaintiff's replication, i.e., the plaintiff's answer to the plea of the defendant, which in turn is followed by the de- fendant's rejoinder (die Du- plik).
31 sandeln	to sand, i.e., to sprinkle with sand in order to dry the ink
35 das Amtieren	[official duty, performance], red tape
ersparen = vermeiden	to avoid
35-36 aber das ist es ja eben	but that's precisely [it =] the point

----

QUESTIONS

Hausruhm

angeblich	(adv.) supposedly
sich beschauen	to look at, view
Schaden an/richten	to cause damage
stampfen	to stamp (o's foot)
reagieren auf	to react, respond to
die Behauptung, -en	assertion
die Vorhaltung, -en	reproach
beeindrucken	to impress

192

jmdm. zu/stimmen   to agree with s.o.

(1) Was soll König Salomo angeblich verstanden haben?

(2) Was beschaut sich König Salomo eines Morgens von seinem Fenster aus?

(3) Wieviel Schaden würde der eine Sperling anrichten, wenn er mit dem linken Fuß dreimal auf den Boden stampfte?

(4) Wie reagiert der andere Sperling auf die Behauptung des ersten Sperlings?

(5) Wo muß der Sperling, der so stark sein will, dann hinfliegen?

(6) Was erwidert der Sperling auf die Vorhaltungen des Königs?

(7) Welcher Meinung ist der König, nachdem er sich die Erklärung des Sperlings angehört hat?

(8) Was erzählt der Sperling seiner Frau?

Der König kommt

die Tatsache, -n	fact
dennoch	nevertheless
die Füllung	stuffing

(1) Warum konnte der Mann eigentlich gar nichts mehr essen?

(2) Was machte der Mann aber trotz der Tatsache, daß er eigentlich gar nichts mehr essen konnte?

(3) Was sagte der Mann endlich?

(4) Was verzehrte der Mann dennoch mit Lust?

(5) Worüber wunderte sich der Gastgeber?

(6) Wer ist in dieser Geschichte der König, und wer ist sein Hofstaat?

Der getreue Adjutant

die Angewohnheit, -en	habit
ärgerlich	angry
der Befehl, -e	order
aus/führen	to execute
sich verhalten, ie, a, ä	to act, behave
erfinden, a, u	to invent

(1) Welche schlechte Angewohnheit hatte der Fürst?

(2) Wann wurde der Fürst sehr ärgerlich?

(3) Was hielt der Fürst einmal?

(4) Welchen Befehl sollte der Adjutant dem General überbringen?

(5) Wie reagierte der Adjutant auf den Befehl des Fürsten?

(6) Wie ritt der Adjutant zu dem General?

(7) Warum schrie der General hinter dem Adjutanten her, nachdem dieser den Befehl des Fürsten überbracht hatte?

(8) Wie verhielt sich der Adjutant, als er den General schreien hörte?

(9) Wie endet die Geschichte?

(10) Was können wir tun?

Wo steckt der Teufel?

sich begeben unter, a, e, i	to go among
sich manierlich betragen, u, a, ä	to behave o.s.
jmdm. eine Aufgabe stellen	to set a p. a task
erledigen	to accomplish

(1) Warum begab sich der Teufel einmal unter die Menschen?

(2) Wann wollte sich der Teufel manierlich betragen?

(3) Was für Aufgaben stellten die Menschen dem Teufel?

(4) Weshalb mußten die Menschen immer neue Arbeit für den Teufel finden?

(5) Wie schnell sollte der Teufel die Straße nach der nächsten Stadt pflastern?

(6) Was machte man mit dem Teufel, als er auch diese Arbeit erledigt hatte?

(7) Was gab der Beamte dem Teufel dort zu tun?

(8) Wie kommt es, daß der Teufel mit seiner Arbeit nie fertig wird?

194

(9)   Weswegen wird der Teufel da hingeschickt, wo ein
      Strahl des Lichts oder eine freie frische Bewegung
      in die Welt dringen will?

(10) Aus welchem Grund hat der Teufel so viel zu tun?

(11) Warum sind viele dieser Arbeiten völlig unnötig?

(12) Welche Geschäfte sind immer die größten?

die Aufrichtigkeit	sincerity, honesty
scheiden, ie, ie	to distinguish, differentiate
die Lüge	lie
schillernd	iridescent, opalescent
das Gewand, ‥er	garb, garment
der Ekel	disgust
die Entrüstung	indignation
sich ab/wenden, wandte ab, abgewandt	to turn away
das Gefolge	retinue, train
vorbei/schleichen, i, i	to sneak, steal past
demütig	humble, meek
schüchtern	shy, timid
sich neigen vor	to bow to
die Barmherzigkeit	charity, compassion
die Höflichkeit	courtesy, politeness

MARIE VON EBNER-ESCHENBACH (1830-1916)

Die Aufrichtigkeit

Die Aufrichtigkeit schritt eines Tages durch die
Welt und hatte eine rechte Freude über sich.

Ich bin doch eine tüchtige Person, dachte sie; ich
scheide scharf zwischen gut und schlecht, mit mir gibt's
5 kein Paktieren; keine Tugend ist denkbar ohne mich. Da
begegnete ihr die Lüge in schillernden Gewändern, an der
Spitze eines großen Zuges. Mit Ekel und Entrüstung
wandte die Aufrichtigkeit sich ab. Die Lüge ging süß-
lich lächelnd weiter; die letzten ihres Gefolges aber,
10 kleines, schwächliches Volk mit Kindergesichtchen, schlichen demütig und schüchtern vorbei und neigten sich bis
zur Erde vor der Aufrichtigkeit.

«Wer seid ihr denn?» fragte sie.

Eines nach dem andern antwortete: «Ich bin die Lü-
15 ge aus Rücksicht.» - «Ich bin die Lüge aus Pietät.» -
«Ich bin die Barmherzigkeitslüge.» - «Ich bin die Lüge
aus Liebe», sprach die vierte, «und diese kleinsten von
uns sind: das Schweigen aus Höflichkeit, das Schweigen
aus Respekt und das Schweigen aus Mitleid.»

2	und hatte --- sich	and was very pleased with herself
3	doch	indeed, really
4-5	mit mir gibt's kein Paktieren	one can't bargain, haggle with me
5-7	Da begegnete --- Zuges.	[At that moment the lie - dressed in iridescent garments and walking at the head of a long train - encountered her], at that moment she encountered the lie who was dressed in iridescent garments and was walking at the head of a long train
13	denn	intensifier
14	eines nach dem andern	one after the other
15	aus	out of
	die Pietät	reverence, filial love

erröten	to blush
plump	crude, gross
der Sklave, -n, -n	slave
pilgern	to make a pilgrimage
gebrechlich	frail, weak
die Freiheit	freedom
der Stab, ⁔e	staff
an/treten, a, e, i	to start on, set out on
der Schritt, -e	step
zusammen/brechen, a, o, i	to collapse
beklagen	to deplore, bemoan
jmdm. etwas verweisen, ie, ie	to reprimand, rebuke s.o. for s.th.
beneiden	to envy
vielmehr	rather
das Ziel, -e	aim, object, goal
die Sehnsucht	longing, desire
der Schriftsteller, -	author, writer
spazieren/gehen, i, a	to go for a walk, take a stroll
herrschen	to exist
die Verschiedenheit, -en	difference
sämtlich	all of them

20   Die Aufrichtigkeit errötete; sie kam sich plötzlich ein wenig plump und brutal vor.

Auf dem Wege

Ein Sklave in Damaskus hatte zeitlebens den heißen
Wunsch, nach Mekka zu pilgern. Als er alt und gebrech-
lich geworden war, schenkte sein Herr ihm die Freiheit.
Sogleich griff er nach seinem Stabe und wollte die Wan-
5   derung antreten. Aber nach den ersten Schritten schon
brach er zusammen, vom Hauch des Todes angeweht. Mitleidige beklagten sein trauriges Schicksal; doch er ver-
wies es ihnen mit den Worten:

«Beneidet mich vielmehr; ich sterbe auf dem Wege
10   nach dem Ziel meiner Sehnsucht.»

Der Vergötterte

In der Hauptstadt einer kleinen, hochkultivierten
Stadt gingen dreihundert Schriftsteller und vierhundert
Schriftstellerinnen spazieren. Unter ihnen herrschten
im Innern wie im Äußern große Verschiedenheiten, sämt-

20-21	sie kam sich ... vor	[she seemed to herself], she felt

1	Damaskus	Damascus is one of the oldest cities in the world. In 1961 it became the capital of the new Syrian Arab Republic.
	zeitlebens	all his life
2	Mekka	Mecca, one of the capitals of Saudi Arabia, is the birthplace of Mohammed and the holiest city of Islam. As many as 150,000 Moslems make the pilgrimage to Mecca each year.
6	vom Hauch des Todes an-geweht	touched by the breath of death
7-8	doch er --- Worten	yet he reprimanded them with the (following) words

---

	der Vergötterte	the idol
3	unter	among
4	im Innern wie im Äußern	[inside as well as outside], in regard to character and appearance

selbstbewußt	self-confident, proud
die Reihe, -n	rank, row
der Ausruf, -e	outcry, exclamation
zu/fliegen, o, o	(here) to fly toward
die Gartenanlagen	(plur.) gardens, (pleasure) grounds
beugen	to bow
übertreffen, a, o, i	to surpass, outdo
knicksen	to curtsy, (here) to bow
kurzsichtig	nearsighted
die Lyrikerin	lyric poetess
hauchen	to breathe, whisper

5 lich aber waren sie selbstbewußt.

Plötzlich entstand in ihren Reihen und Gruppen eine Bewegung. Ausrufe wurden laut, alle Hälse streckten
sich. Alle Blicke flogen einem Herannahenden zu, der
in der Avenue zu den Gartenanlagen erschienen war.

10 Die Schriftsteller beugten die stolzen Häupter,
die Schriftstellerinnen übertrafen im Knicksen die
höflichste Japanerin. Herren und Damen machten Spalier.

«Er kommt! Er wird gleich da sein!» lief es von
Mund zu Mund.

15 «Wer?» fragte eine kurzsichtige Lyrikerin ihren
Nachbarn, einen Werte umwertenden Novellisten.

Und er, unter rieselnden Schauern, hauchte:

«Ein Leser!»

7 wurden laut	could be heard
7-8 alle Hälse streckten sich	all necks were craned
8 ein Herannahender	an approaching man, person
12 Spalier machen	to line the streets
13-14 lief es von Mund zu Mund	[it passed from mouth to mouth], they quickly informed each other
16 einen Werte umwerten-den Novellisten	[a writer of fiction who was reassessing values], a writer of fiction who in his works espoused the revaluation of all values; (an ironic refer-ence to a Nietzsche follower?)
17 unter rieselnden Schauern	[amidst rippling shivers], while shivers were running up and down his spine

----

QUESTIONS

Die Aufrichtigkeit	
unterscheiden, ie, ie	to distinguish
sich verneigen vor	to bow to

sich zu erkennen geben   to make o.s. known

(1) Was hielt die Aufrichtigkeit von sich selbst?
(2) Warum?
(3) Wer begegnete der Aufrichtigkeit?
(4) Was tat die Aufrichtigkeit?
(5) Wer waren die letzten im Gefolge?
(6) Wie schlichen sie vorbei, und was taten sie vor der Aufrichtigkeit?
(7) Was antworteten sie, als die Aufrichtigkeit ihre Namen wissen wollte?
(8) Wer sind die kleinsten Lügen unter ihnen?
(9) Wie kam sich die Aufrichtigkeit auf einmal vor?

Auf dem Wege

sehnlich	sincere, longing
sich ereignen	to happen, occur
den Wanderstab ergreifen, i, i	to set out (on o's travels)

(1) Welchen sehnlichen Wunsch hatte ein Sklave sein ganzes Leben lang gehabt?
(2) Was tat der Herr des Sklaven, nachdem dieser alt und schwach geworden war?
(3) Was ereignete sich, als der Sklave den Wanderstab ergriff?
(4) Was taten mitleidige Menschen?
(5) Warum sollten die mitleidigen Menschen den Sklaven eigentlich beneiden?

Der Vergötterte

innerlich	inward
äußerlich	outward
verschieden	different, dissimilar
die Eigenschaft, -en	characteristic
teilen	to share
recken	to crane (o's neck)
die Artigkeit	good behavior

203

(1) Wer ging in der Hauptstraße einer kleinen, hochkultivierten Stadt spazieren?
(2) Was läßt sich über diese Menschen sagen?
(3) Welche Eigenschaft teilen diese Menschen?
(4) Warum wurden plötzlich Ausrufe laut, und warum
reckten alle die Hälse?
(5) Wer beugte sein stolzes Haupt?
(6) Wer übertraf an Artigkeit die höflichste Japanerin?
(7) Was hauchte ein Novellist, als eine kurzsichtige
Lyrikerin ihn fragte, wer da komme?

die Ente, -n	duck
der Frosch, ⸚e	frog
munter	merry
unter/tauchen	to immerse, plunge into

WILHELM BUSCH (1832-1908)

Die beiden Enten und der Frosch

Sieh da, zwei Enten jung und schön,
Die wollen an den Teich hingehn.

Zum Teiche gehn sie munter
Und tauchen die Köpfe unter.

_____

<u>2</u> die   demon. pron., cp. 1. 10
hingehn   = hingehen

verschlingen, a, u   to swallow, devour

5 Die eine in der Goschen
    Trägt einen grünen Froschen.

Sie denkt allein ihn zu verschlingen.
Das soll ihr aber nicht gelingen.

5	die Goschen, -n, -n	(oberdt.) mouth, (here) bill
6	einen grünen Froschen	= einen grünen Frosch; -n added for the sake of rhyme
8	das soll --- nicht gelingen	however, she is not going to succeed in that

der Enterich, -e   drake

weh tun (+ dat.)   to pain, hurt

Die Ente und der Enterich,
10 Die ziehn den Frosch ganz fürchterlich.

Sie ziehn ihn in die Quere,
Das tut ihm weh gar sehre.

<u>11</u> sie ziehn (= ziehen) [they pull him in opposite
--- Quere directions], they pull at
him from both ends

<u>12</u> sehre = sehr

tapfer   brave, courageous

der Kropf, ⸚e   crop, craw

Der Frosch kämpft tapfer wie ein Mann.-
Ob das ihm wohl was helfen kann?

15 Schon hat die eine ihn beim Kopf,
Die andre hält ihr zu den Kropf.

---

14 Ob das --- kann?   I wonder if it will do him
                            any good?

212

(sich) raufen	to scuffle, fight
sich besinnen, a, o	(here) to come to o's senses
der Brunnen, -	well

Die beiden Enten raufen,
Da hat der Frosch gut laufen.

Die Enten haben sich besunnen
20   Und suchen den Frosch im Brunnen.

---

18   da hat --- laufen   at that moment the frog is
                                able to get away with the
                                greatest of ease

19   besunnen   = besonnen

das Rohr, -e   pipe

Sie suchen ihn im Wasserrohr,
Der Frosch springt aber schnell hervor.

Die Enten mit Geschnatter
Stecken die Köpfe durchs Gatter.

| 23 | das Geschnatter | [cackling], (here) quacking |
| 24 | das Gatter | (here) bars |

25   Der Frosch ist fort - die Enten,
     Wenn die nur auch fort könnten!

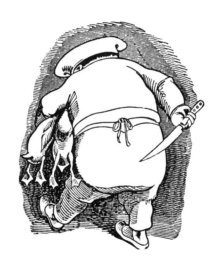

   Da kommt der Koch herbei sogleich
   Und lacht: «Hehe, jetzt hab ich euch!»

26	Wenn die --- könnten!	If only they too could escape!
28	hehe!	ha, ha!

rauchen	to smoke
heiter	cheerful, merry
die Leiter, -n	ladder

Drei Wochen war der Frosch so krank!
30 Jetzt raucht er wieder. Gott sei Dank!

Das Rabennest

Zwei Knaben, jung und heiter,
Die tragen eine Leiter.

---

30 Gott sei Dank!   thank God!

2 die   demon. pron., cp. 1s. 4, 20

Im Nest die jungen Raben,
Die werden wir gleich haben.

---

4 die werden --- haben   we'll catch them in a moment

5 Da fällt die Leiter um im Nu,
   Die Raben sehen munter zu.

---

5 im Nu   in a flash

Sie schreien im Vereine,
Man sieht nur noch die Beine!

---

7 im Vereine   at the same time, in unison
8 nur noch   only, nothing but

der Jäger, -   hunter
apportieren   to retrieve

Der Jäger kommt an diesen Ort
10   Und spricht zu seinem Hund: «Apport!»

Den Knaben apportiert der Hund,
Der Jäger hat die Pfeif' im Mund.

<u>10</u> apport!   go fetch!

der Schlingel, -	rascal
sich bemühen	to take the trouble, make an effort
der Sumpf, ⸚e	swamp, marsh

«Nun hole auch den andern her!»
Der Schlingel aber will nicht mehr.

15 Der Jäger muß sich selbst bemühn,
Den Knaben aus dem Sumpf zu ziehn.

der Stiefel, –   boot

Zur Hälfte sind die Knaben
So schwarz als wie die Raben.

    Der Hund und auch der Jägersmann,
20 Die haben schwarze Stiefel an.

<u>17</u> zur Hälfte sind die   half of each boy is
<u>Kn</u>aben

<u>18</u> als wie   (obs.) = wie

der Schnuller, -   sucking bag, pacifier
trocknen   to dry, air

Die Raben in dem Rabennest
Sind aber kreuzfidel gewest.

Der Schnuller

«Hier hast du ihn! Nun sei hübsch still,
Weil ich die Wäsche trocknen will.»

22	kreuzfidel	as pleased as Punch
	gewest	= gewesen
1	sei hübsch still	be sure to be [quiet =] good

| die Zehe, -n | toe |
| lauern | to lurk |

Dem Willi schmeckt der Schnuller süß,
Zwei junge Hunde sehen dies.

5 Der Willi spielt mit seiner Zehe,
Die Wespe lauert in der Nähe.

| krabbeln | to crawl, wriggle |
| die Beute | booty, prize |

Schon krabbelt Schnupp, der eine Hund,
Ganz nah an Willi seinem Mund.

Er faßt mit Hast die süße Beute,
10 Und eilt von dannen voller Freude.

---

8 an Willi seinem Mund   = an Willis Mund

10 von dannen   = away, off

Nun kommt auch Schnapp, der zweite Hund,
Und leckt dem Willi seinen Mund.

Der Willi aber weinet sehr,
Denn er hat keinen Schnuller mehr.

| 12 | dem Willi seinen Mund | = Willis Mund |
| 13 | weinet | = weint |

die Mühe, -n	difficulty
soeben	(adv.) just (now), this minute
sich erheben, o, o	to rise, get up

15 Hier krabbelt er mit Händ' und Füßen
    Zur Kanne hin, die zum Begießen;

Und sucht mit Mühe sich soeben
An dieser Kanne zu erheben.

---

16 die zum Begießen   which (is, serves) for wa-
                              tering

18 an   (here) with the aid of

vergeblich	in vain
der Guß, Güsse	downpour, shower

Allein vergeblich ist sein Mühn;
20 Der kalte Guß kommt über ihn.

Hier läuft der Schnupp in großer Hast
Und hält den Schnuller fest gefaßt.

<u>19</u> Mühn = das Bemühen   effort

der Neid	envy
sich laben	to refresh o.s.

Schön schmeckt des Schnullers Süßigkeit;
Die andern zwei sind voller Neid.

25 Ein jeder möchte, sich zu laben,
Den Schnuller gern alleine haben.

der Stich, -e	sting
sich betrachten als	to regard, look upon o.s. as
die Siegerin, -nen	victor

Der Wespenstich macht keine Freude,
Die Hunde fliehen alle beide.

Die Wespe mit vergnügtem Sinn
30 Betrachtet sich als Siegerin.

<u>28</u>	alle beide	both (of them)
<u>29</u>	mit vergnügtem Sinn	in good spirits

hinweg/kehren   to sweep away

Großmutter aber kommt allhier

Und kehrt hinweg das Stacheltier.

31	kommt allhier	arrives at this very place
32	das Stacheltier	the stinger

schwelgen in (+ dat.)	to revel in
ungestört	undisturbed
der Hochgenuß	exquisite delight

Sie trägt zu einem warmen Ort
Den Willi und den Schnuller fort.

35 Hier liegt und schwelgt er zum Beschluß
    In ungestörtem Hochgenuß.

---

35 zum Beschluß = zum   finally
$\overline{\text{Schluß}}$

der Spaziergang, ¨-e   walk, stroll

Adelens Spaziergang

Ein Mädchen, schön und voll Gemüt,
Geht hier spazieren, wie man sieht.

Adelens   = Adeles, cp. 1. 16

pflücken	to pick, gather
der Frühling	spring
die Aue <u>or</u> Au, Auen	river meadow, water meadow
hupfen = hüpfen	to hop, jump
erschrecklich = erschreckend	(adv.) appallingly, horribly

Sie pflückt auf frühlingsgrüner Au
Vergißmeinnicht, das Blümlein blau.

5 Ach Gott! da hupft ein grüner, nasser,
Erschrecklich großer Frosch ins Wasser.

| die Ohnmacht | fainting fit, unconscious-
ness |

Adele, die ihn hupfen sah,
Fällt um und ist der Ohnmacht nah.

      Ameisenbisse tun gar weh;
10 Schnell springt Adele in die Höh'.

8	nah	close to
9	Ameisenbisse	[ant bites], the bite of ants
	gar	very much
10	in die Höh'	up

weiden	to tend (a flock)
der Ziegenbock, ⸚e	billy goat
stoßen, ie, o, ö	to butt
der Hirt, -en, -en	shepherd

Ein Schäfer weidet in der Fern. –
Den Ziegenbock hat man nicht gern.

Es stößt der Bock – Adele schreit –
Der Hirt ist in Verlegenheit.

13	es stößt der Bock	cp. <u>Von dem gestohlenen Heller</u> (no. 28), ftn. 1. 1
14	ist in Verlegenheit	is at a loss, in a fix

stumm	silent, speechless
der Unglücksfall, ⁻e	accident, calamity

15 Auf seine Hörner nimmt der Bock
Adelens Krinolinenrock.

Hund, Hirt und Herde stehen stumm
Um diesen Unglücksfall herum.

_____

16 Krinolinenrock crinoline; (here actually)
Krinolinengestell: farthin-
gale, i.e., skeleton of a
crinoline (hoop skirt)

Der Schäfer trägt Adelen fort;
20 Ein Storch kommt auch an diesen Ort.

Schnapp! faßt der Storch die Krinoline
Und fliegt davon mit froher Miene.

19	Adelen	= Adele
21	die Krinoline	(here) farthingale
22	mit froher Miene	happily

mit jmdm. kosen	to exchange caresses with s.o.
allerliebst	most delightful

Hier sitzt das Ding im Baume fest
Als wunderschönes Storchennest.

Die Strafe der Faulheit

Fräulein Ammer kost allhier
Mit Schnick, dem allerliebsten Tier.

| die Strafe der Faulheit | the punishment for laziness |
| 1 allhier | here, i.e., in this picture |

füttern	to feed
das Zuckerbrot	pastry, cake
sogar	even

Sie füttert ihn, so viel er mag,
Mit Zuckerbrot den ganzen Tag.

5   Und nachts liegt er sogar im Bett,
    Da wird er freilich dick und fett.

---

3   so viel er mag   as much as he wants

locken	to bait, attract
das Entsetzen	dismay, horror

Einstmals, als sie spazieren gehen,
Sieht man den Hundefänger stehen.

Er lockt den Schnick mit einer Brezen.
10 Das Fräulein ruft ihn voll Entsetzen.

---

9 die Brezen, -   sweet pretzel
= die Brezel, -n

gehorchen	to obey
der Näscher, -	lover of sweets, candy freak

Doch weil er nicht gehorchen kann,
Fängt ihn - gripsgraps! - der böse Mann.

Seht, wie er läuft, der Hundehäscher!
Und trägt im Sack den dicken Näscher.

<u>11</u> weil er nicht gehorchen   = weil er nicht gehorcht
kann

<u>12</u> gripsgraps!   snitch-snatch!

<u>13</u> der Hundehäscher   dogcatcher

schlachten   to kill, butcher

15 Gern lief er fort, der arme Schnick,
Doch ist er viel zu dumm und dick.

«Den schlacht' ich!» spricht der böse Mann,
«Weil er so fett und gar nichts kann.»

15	gern lief(e) er fort	= he would like to run away
17	den	demon. pron.
18	weil er so fett	= weil er so fett ist

jammern   to lament, cry (out)

Das Fräulein naht und jammert laut,
20 Es ist zu spat: da liegt die Haut.

Zwei Gülden zahlt sie in der Stille
Für Schnicksens letzte Außenhülle.

19	nahen	(here) to arrive
20	spat	= spät
21	Gülden = der Gulden, -	florin (an old coin)
	in der Stille	quietly
22	die letzte Außenhülle	the mortal remains

276

ausgestopft   stuffed

Hier steht der ausgestopfte Schnick; –

Wer dick und faul, hat selten Glück.

24 wer dick und faul   = wer dick und faul ist

QUESTIONS

Die beiden Enten und der Frosch

watscheln	to waddle
gründeln	to dip and spoon for food
in Streit geraten, ie, a, ä	to get into a fight, have a quarrel
hin/- und her/ziehen, o, o	to pull back and forth
reagieren	to react
sich wehren	to defend o.s.
gelingen, a, u	to succeed
der Gitterstab, ̈-e	bar
entwischen	to escape
der Kochtopf	pot

(1) Wo wollen die beiden Enten hingehen?

(2) Was machen die Enten dort?

(3) Was fängt die eine Ente?

(4) Warum geraten die beiden Enten in Streit?

(5) Was machen die Enten mit dem armen Frosch?

(6) Wie reagiert der Frosch?

(7) Warum kann die eine Ente den Frosch nicht verschlingen?

(8) Wie gelingt es dem Frosch zu entkommen?

(9) Wo suchen die Enten den Frosch zuerst?

(10) Wo suchen die Enten den Frosch dann?

(11) Warum konnten die Enten nicht mehr fort?

(12) Wo werden die Enten schließlich landen?

(13) Wie lange ist der Frosch krank gewesen?

(14) Was tut der Frosch jetzt Gott sei Dank wieder?

Das Rabennest

passieren	to happen, occur
retten	to save
faul	lazy
die Stimmung	mood
fröhlich	cheerful

(1) Wohin tragen die beiden Jungen die Leiter?

(2) Warum?

(3) Was passiert?

(4) Was ist jetzt von den Jungen nur noch zu sehen?

(5) Wer kommt vorbei?

(6) Wie wird der erste Junge gerettet?

(7) Wer rettet den zweiten Knaben?

(8) Warum?

(9) Welche Hälfte der Knaben ist rabenschwarz?

(10) Was haben der Hund und der Jäger an?

(11) Welcher Stimmung sind die Raben in ihrem Nest?

Der Schnuller

stehlen, a, o, ie	to steal
die Gießkanne, -n	watering can
sich auf/richten	to stand up, draw o.s. up
um/kippen	to overturn, topple over
kauen	to chew

zu/schauen	to look on
stechen, a, o, i	to sting
die Wiege, -n	cradle
saugen	to suck

(1) Warum soll der kleine Willi schön still sein?

(2) Was sehen zwei junge Hunde?

(3) Was passiert, während Willi mit seiner Zehe spielt und eine Wespe in der Nähe lauert?

(4) Warum weint Willi so sehr?

(5) Wo krabbelt Willi hin?

(6) Wie versucht Willi aufzustehen?

(7) Was geschieht?

(8) Was machen die Wespe und der zweite Hund, während Schnupp, der erste Hund, an dem Schnuller kaut?

(9) Warum fliehen die beiden Hunde schließlich?

(10) Wer tötet die Wespe?

(11) Wie endet die Geschichte?

Adelens Spaziergang

ohnmächtig	unconscious

(1) Was pflückt Fräulein Adele auf ihrem Spaziergang?

(2) Warum fällt Fräulein Adele um und wird fast ohnmächtig?

(3) Wie kommt es, daß Fräulein Adele so schnell aufspringt?

(4) Was macht der Ziegenbock?

(5) Wie hilft der Schäfer Fräulein Adele?

(6) Was geschieht mit dem Krinolinengestell am Schluß?

Die Strafe der Faulheit

sich ereignen	to happen, occur
der Käfig, -e	cage
ein/sperren	to lock in
entkommen, a, o	to escape
das Fell, -e	skin, fur
nach	according to

(1) Was füttert Fräulein Ammer ihren Hund den ganzen Tag?

(2) Wo schläft Schnick?

(3) Womit lockt der böse Hundefänger den Schnick?

(4) Was ereignet sich, als Fräulein Ammer ihren Hund ruft?

(5) Warum kann der arme Schnick nicht fortlaufen?

(6) Weshalb schlachtet der böse Hundefänger den Schnick?

(7) Was kauft Fräulein Ammer dem Hundefänger ab?

(8) Wieviel bezahlt sie dafür?

(9) Was ist auf dem letzten Bild zu sehen?

(10) Wer hat nach Wilhelm Busch selten Glück?

die Gläubigen	the faithful
der Gottesdienst	(divine) service
das Fahrsträßel	(small) roadway
das Weib, -er	woman, wife
eifrig	enthusiastic, eager
die Entfernung, -en	distance
hinterdrein/folgen	to follow, bring up the rear
vorangehend	preceding
lang	tall
dünn	thin, skinny
behäbig	easygoing

LUDWIG ANZENGRUBER (1839-1889)

Der Weib-Fromme

Die Kirche hat einen Hals, das ist der Turm, und
wie der Mensch hat sie auch eine Stimme im Halse, die
Glocke, und mit der ruft sie die Gläubigen zum Gottes-
dienste, und die kommen denn auch von allen Ecken und
5 Enden, auf allen Wegen und Stegen herzu.

Auf einem schmalen Fahrsträßel, das bergunter nach
dem Dorfe führt, schreiten zwei Weiber, die so eifrig
reden, daß sie auch die Hände dazu brauchen, dann kommt
lange nichts, und erst in ganz respektabler Entfernung
10 folgen zwei Bauern hinterdrein, die zu den zwei voran-
gehenden Bäuerinnen gehören, oder diese zu ihnen, wie
man eben will.

Der eine war lang und so dünn, daß sich's die
Nachtmähre überlegt hätte, ihn zu reiten, der andere
15 war kurz, behäbig und setzte, obgleich jung, schon ein
kleines Bäuchlein an.

«Bartl», sagte der Lange.

«Martl», fragte der Kurze.

«Bartl, es sollt mich freuen, wenn du mit einmal

der Weib-Fromme	the obedient, henpecked husband
4 denn auch	intensifiers
4-5 von allen --- Stegen	from all directions on every road and trail
6 bergunter	= den Berg hinunter
9 lange	for a long time
13-14 daß sich's --- reiten	[that the nightmare would have thought twice about riding him], that evil spirits would have thought twice about menacing him
15-16 ein kleines Bäuch- lein ansetzen	to develop, get a little pot- belly
19, 21 sollt	= sollte
19 mit einmal = auf einmal	all of a sudden

jmdm. trauen	to trust s.o.
der Brauch, ¨-e	practice, custom
aus/weichen, i, i	to avoid
Ostern	Easter
beichten	to go to confession
der Herrgott	the Lord
die Frommheit = die Frömmigkeit	piety, devotion
die Verheiratung	marriage

20 ein rechten Glauben hättst.»

  «Martl, warum sollt ich nit?»

  «Bartl, ich trau dir nit. Als Burschen hat mer
dich mit kein Aug in der Kirchen gsehn, bist all den
frommen Bräuchen ausgwichen, hast z' Ostern nit beicht
25 und am Aschermittwoch dich nit einäschern lassen. Ich
fürcht, ich fürcht - »

  «Martl, was fürcht'st?»

  «Daß unser Herrgott wenig Freud an deiner Frumm-
heit haben kann! Is die nit von weiter her, als von
30 wie kurz sie sich schreibt, nämlich seit deiner Ver-

<u>20</u> ein rechten Glauben	= einen rechten Glauben	
hättst	= hättest	
<u>21</u> nit	= nicht; cp. ls. 22, 24, 25, 29, 35, 54	
<u>22</u> trau	= traue	
<u>22-23</u> hat mer dich mit kein Aug in der Kirchen gsehn = hat man dich mit keinem Auge in der Kirche gesehen	you weren't anywhere to be seen in church	
<u>24</u> ausgwichen	= ausgewichen	
z'	= zu	
beicht	= gebeichtet	
<u>25</u> Aschermittwoch	Ash Wednesday; the seventh Wednesday before Easter and the first day of Lent	
sich einäschern lassen = sich äschern lassen	to receive the cross of ashes from the priest (on the fore-head)	
<u>26</u> fürcht	= fürchte	
<u>27</u> was fürcht'st?	= was fürchtest du?	
<u>28</u> Freud	= Freude	
<u>28-29</u> Frummheit	= Frommheit	
<u>29-30</u> is (= ist) die --- schreibt	if your devotion to God is but of very recent origin	

aus/schauen	to seem, appear
völlig	(adv.) altogether, entirely
der Gefallen	favor, kindness
sich an/schicken zu tun	to set about, begin (to do)
der Kirchenbesuch	attendance at church
der Gebrauch	employment, use
die Gnadenmittel	(plur.) means of grace

heiratung, so steht s' auf schwachen Füßen. Es schaut
völlig aus, als ob du dein Weib z' Gfallen und 's lieben Hausfriedens willen dich zun fleißigen Kirchbsuch
und Gebrauch der Gnadenmittel anschicken tätst.»

35   «So is's auch. Kenn du mein Weib! Wann ich nit
          Gott dien, wär der Teufel los.»

          «Bartl, dös is kein rechte Red. In dir steckt
          noch dein ledig Burschendenken, wo d' auch oft 's

<u>31</u> auf schwachen Füßen stehen	to be ill-founded
s'	= sie
<u>32</u> dein Weib z' Gfallen	= deinem Weib zu Gefallen
<u>32-33</u> 's lieben Haus-friedens willen	= um des lieben Hausfriedens willen
<u>33</u> zun fleißigen Kirch-bsuch	= zum fleißigen Kirchenbesuch
<u>34</u> tätst	= tätest
<u>32-34</u> als ob --- tätst	as if you were beginning to attend church frequently and (also) to use the means of grace (merely) as a favor to your wife and (merely) for the sake of domestic peace
<u>35</u> is's	= ist es
Kenn du mein Weib!	= Du solltest meine Frau kennen!
wann	= wenn
<u>36</u> dien	= diente
wär (= wäre) der Teufel los	all hell would break loose
<u>37</u> dös is kein rechte Red = (das ist keine rechte Re-de)	= so etwas solltest du nicht sagen
<u>37-38</u> in dir steckt noch dein ledig(es) Burschen-denken	you still [think =] talk like a single man
<u>38-39</u> wo d' (= du) auch oft 's (= das) Maul groß aufgetan ... hast	the time when you opened your big yap frequently too

288

die Achsel zucken	to shrug o's shoulders
aufgeregt	excited
gescheit	smart, sensible, wise
nach/geben, a, e, i	to give in
ohnehin	anyhow, anyway

Maul groß aufgetan und gsagt hast, du gäbst af Himmel
40 und Höll nix.»

«Daß mer nix Gwißs weiß, war mein Meinen.»

«No und bist hitzt gwiß?»

Der Bartel zuckte die Achsel.

«Siehst! Warum nachher» - sagte aufgeregt der
45 Martl - «warum nachher stellst dich so an?»

«Martl, laß dir sagen! Weil der Gscheitere nach-
gibt, und daß ich der Gscheitere bin, ekschplitschier
ich dir af der Stell. Halt a weng!»

Bartl hielt den Martl zurück, daß die Entfernung
50 zwischen ihnen und den Weibern noch größer wurde, ob-
wohl die ohnehin kein Wort hätten hören können, dann

39 gsagt	= gesagt
39-40 du gäbst af (= auf) Himmel und Höll(e) nix (= nichts)	you didn't care a rap for heaven and hell
41 daß mer nix Gwißs weiß, war mein Meinen	= daß man nichts Gewisses weiß, war meine Meinung
42 no = na	well!
bist	= bist du
hitzt	= jetzt
gwiß	= gewiß
44 Siehst!	= Siehst du!
nachher	= also
45 warum nachher stellst (du) dich so an?	Why, then, do you act that way?
46 laß dir sagen	let me tell you
46, 47 der Gscheitere	= der Gescheitere
47-48 ich ekschplitschier = (ich expliziere)	= ich erkläre
48 af (= auf) der Stell(e)	immediately
a weng	= ein wenig
51 hätten hören können	cp. Die Eiche und das Schwein (no. 4), ft. 1. 11

290

sagte er:

«Entweder mein Weib hat recht, dann is's eh recht,
und wir kämen allzwei in Himmel, oder sie hat nit recht,
55 is auch recht, sonst hätt ich schon d' Höll af Erden
ghabt!»

53	dann is's (= ist es) ... recht	then it is all right	
	eh = sowieso	anyhow, anyway	
54	allzwei	= alle beide	
	in Himmel	= in den Himmel	
55	is	= ist	
	hätt	= hätte	
	d' Höll	= die Hölle	
	af	= auf	
56	ghabt	= gehabt	

QUESTIONS

aus/sehen, a, e, ie	to look, appear
fleißig	diligent
halten von, ie, a, ä	to think of
(etw.) aus dem Wege gehen, i, a	to avoid (s.th.)
der Streit	dispute, quarrel
nachgiebig	accommodating, yielding
ein/treffen, a, o, i	to come true
jmdm. die Hölle heiß machen	to give s.o. hell, make it hot for s.o.

(1) Was tut die Kirchenglocke?

(2) Woran kann man erkennen, daß die beiden Frauen eifrig reden?

(3) Wer folgt den Frauen in respektabler Entfernung?

(4) Wie sieht der eine aus?

(5) Wie sieht der andere aus?

(6) Wann würde sich der Martl freuen?

(7) Was hat der Bartl zu Ostern nicht getan?

(8) Was hat Bartl am Aschermittwoch nicht getan?

(9) Seit wann geht der Bartl so fleißig in die Kirche?

(10) Was würde geschehen, wenn Bartl nicht Gott diente?

(11) Was hielt Bartl von Himmel und Hölle, als er noch ledig war?

(12) Wie geht Bartl einem Streit mit seiner Frau aus dem Wege?

(13) Was würde eintreffen, wenn Bartls Frau recht hätte?

(14) Warum muß Bartl auf jeden Fall in die Kirche gehen, selbst wenn es keinen Himmel und keine Hölle gibt?

BIOGRAPHICAL NOTES

LUDWIG ANZENGRUBER (November 29, 1839 - December 10, 1889). Austrian dramatist and novelist, who also wrote short stories. Son of a Viennese court official, descended from peasant stock. After his father died in 1844, A. grew up in the care of his mother. He attended secondary school (Realschule) in Vienna but had to discontinue his education because of financial difficulties. Initially apprenticed to a bookdealer, A. subsequently became an actor and joined various touring companies. Although as an actor he had little talent, he was able to put his stage experience to good use later on. In 1869 he changed employers and clerked for the imperial police in Vienna. The following year A. resigned his post because of the uproar caused by his play Der Pfarrer von Kirchfeld (The Parish Priest of Kirchfeld), in which he attacked religious narrowmindedness. The play, nevertheless, brought him immediate fame, and he was able to devote the rest of his life to writing.

In Anzengruber's plays the Viennese folk drama reached its highest point. Written in dialect, they deal mostly with Austrian peasant life. They are didactic and liberal, opposing intolerance and hypocrisy. Anzengruber's almanac stories and peasant novels, where he again shows didactic tendencies, are realistic and unsentimental.

Main Works

Plays:

Der Meineidbauer (The Farmer Forsworn), 1871.

Die Kreuzelschreiber (The Crossmakers), 1872.

Der G'wissenswurm (Pangs of Conscience), 1874.

Doppelselbstmord (Double Suicide), 1876.

Das vierte Gebot (The Fourth Commandment), 1878.

Novels:

Der Schandfleck (The Stain), 1877.

Der Sternsteinhof (Sternstein Farm), 1885.

BERTHOLD AUERBACH (actually Moses Baruch Auerbacher), (February 28, 1812 - February 8, 1882). Born at Nordstetten in the Black Forest. He was intended for the rabbinate but soon turned to the study of law and

later to philosophy. Already as a student he espoused
the causes of liberalism and Jewish emancipation, and
in his first novels, Spinoza (1837) and Dichter und
Kaufmann (Poet and Merchant) (1840), he championed these
two causes. A translation of Spinoza's works was completed in 1841.

Through his Schwarzwälder Dorfgeschichten (Village
Tales from the Black Forest), published between 1843
and 1884, A. became one of the most popular writers of
the second half of the nineteenth century. The Dorfgeschichten are vernacular literature--idyllic and sen-
timental, romantic and idealistic, moralizing and didactic. A. portrays the life of the peasant in far less
realistic terms than Jeremias Gotthelf. A. also became
well-known through his almanac stories, the Volkska-
lender (1858-68), which suited the taste of the time.
With the exception of a philosophical novel, Auf der
Höhe (On the Heights) (1865), most of Auerbach's later
works--for instance Das Landhaus am Rhein (The Villa on
the Rhine) (1869)--did not find much favor with the public, and he continues to be best known for his Dorfgeschichten.

ADOLF BRENNGLAS (pseudonym of Adolf Glaßbrenner),
(March 27, 1810 - September 25, 1876). A native of
Berlin, he was apprenticed to a merchant in 1824. From
1830 on, a writer and liberal journalist in various
parts of Germany. In 1831 he edited the periodical Berliner Don Quijote, which was suppressed two years later
because of its revolutionary leanings. During the en-
suing years B. published Berlin, wie es ist und--trinkt.
(32 numbers, 1832-50) and Buntes Berlin (Colorful Berlin) (15 numbers, 1837-53), and thus became the origina-
tor of the popular satirical literature of Berlin. B.
married an actress in 1840, and the couple moved to Neu-
strelitz the next year. In 1848 he became the leader
of the democratic party there, but soon was exiled
(1850) and went to Hamburg, returning to Berlin in 1858,
where he edited the comic paper Berliner Montagszeitung
until the time of his death. During his lifetime B. was
a journalist of consequence who continued to be influential even after the failure of the Revolution of 1848.

WILHELM BUSCH (April 15, 1832 - January 9, 1908).
Poet, painter, and caricaturist, born in Wiedensahl
(Hannover). Studied at the polytechnic school in Hannover (1847-51) then at the art academies in Düsseldorf
(1851), Antwerp (1852), and Munich (1854-64). In 1864

295

he returned to Wiedensahl and in 1899 he moved to Mechtshausen (Harz) where--save for occasional journeys--he lived in seclusion as a bachelor.

From 1859 to 1871 B. contributed to the leading German humor magazine Fliegende Blätter and to the Münchner Bilderbogen. In his work he criticized his time, above all the self-satisfaction and mendacity of the middle-class. During the period of the Kulturkampf, the struggle against the ascendancy of the Catholic church in the state, B. emerged as an anticlerical satirist who unmasked self-righteousness, hypocrisy and sanctimoniousness in such picture stories as Der heilige Antonius von Padua (1870), Die fromme Helene, and Pater Filucius (1872).

As a writer and parodist B. was influenced by Heinrich Heine (1797-1856), as a pessimistic humorist by Arthur Schopenhauer (1788-1860). Since he doubted the human condition could be improved, this pessimism could only be overcome by humor. In his paintings, most of which only became known after his death, B. was decisively influenced by the Dutch painters, among them Rubens, Hals and Brouwer.

Selected Works

Picture Stories:

Max und Moritz (1865).

Hans Huckebein (1872).

Abenteuer eines Junggesellen (1875).

Herr und Frau Knopp (1876).

Julchen (1877).

Fipps der Affe (1879).

Maler Klecksel (1884).

Prose:

Eduards Traum (1891).

Der Schmetterling (1895).

Poetry:

Kritik des Herzens (1874).

Zu guter Letzt (In Conclusion) (1904).

Schein und Sein (Illusion and Reality) (1909).

MARIE, FREIFRAU VON EBNER-ESCHENBACH (née Countess Dubsky), (September 13, 1830 - March 12, 1916). Austrian writer, born in Moravia. In 1848 she married her cousin, the Austrian physicist and subsequent field marshal Moritz, Freiherr von E.-E. (1815-1898), with whom she lived in a harmonious marriage. They first resided in Vienna, then, in 1851, moved to Klosterbruck (Moravia) and in 1863 back again to Vienna, where, aside from undertaking some journeys, E.-E. spent the rest of her life. On the occasion of her seventieth birthday the University of Vienna awarded her an honorary doctorate.

E.-E. became the most important woman writer in the German literature of the nineteenth century. After earlier attempts in poetry and drama, she changed relatively late to prose, a genre in which she excelled. Influenced by Turgenev, she described in realistic novels and novellas the life of the Austrian nobility in Vienna and at its Moravian country estates, as well as the worlds of the middle class and the peasantry. Her works show a deep psychological empathy and feeling of social responsibility, which she believed an aristocrat must have toward others. She also wrote discerning and significant aphorisms, which, like the rest of her work, show her humanity.

Selected Prose Works

Božena (1876).

Aphorismen (1880).

Dorf- und Schloßgeschichten (includes the famous dog story Krambambuli) (1883).

Zwei Komtessen (Two Countesses) (1885).

Neue Dorf- und Schloßgeschichten (1886).

Das Gemeindekind (The Child of the Parish) (1887).

Lotti, die Uhrmacherin (1889).

Unsühnbar (Unredeemable) (1890).

Glaubenslos? (1893).

Rittmeister Brand (Captain Brand) (1896).

JEREMIAS GOTTHELF (pen name of Albert Bitzius), (October 4, 1797 - October 22, 1854). Swiss novelist and clergyman, born at Murten (Canton Freiburg), son of a pastor. His formative years coincided with the French

Revolutionary Wars, which made a strong impression on him. In 1804 the family moved to Utzenstorf in the Emmental, where G. attended school. In 1812 he went to Bern to complete his secondary education. He then proceeded to study theology at the Bern Academy (1814-20), also devoting himself to other subjects, such as mathematics, philosophy, history, and physics. After a two-semester stay at the University of Göttingen, he travelled through northern Germany. Upon his return to Switzerland he was a vicar in various places in that country. In 1832 he became pastor in Lützelflüh (Emmental), where he was to spend the remainder of his life. The following year G. married Henriette Elisabeth Zeender, with whom he had three children. From 1835 to 1845 he was commissioner of education for his district. He also established a boarding school for needy boys.

G. was a naturally gifted writer who was not influenced by any of the literary movements of his time and who rejected all aesthetic theories. He did not begin to write until he was forty, but then devoted himself to educating man with the passionate zeal of a social reformer. After an initial liberal period, he developed a biblical, patriarchal conservatism. In this he was influenced by several of his congregations, who consisted mainly of old established families of free peasants. G. was filled with deep distrust of the city and of modern civilization.

Many of Gotthelf's writings were composed in Swiss-German dialect, which limited their effect, but they are characterized by vividness and vitality. Because of their subject matter G. was classed for a long time with Berthold Auerbach, through whom the village tale had come into fashion. However, G. goes far beyond this genre. He describes the life of the peasant without illusion and sentimentality, and his stories show an unusually accurate psychological depiction of man, of his temptations and inner resources, and they compare favorably to the works of the great Russian and Scandinavian narrators. G. was also a humorist and political satirist, and the satirical dominates in his political tracts and stories.

Selected Works

Almanac:

Neuer Berner Kalender (Ed., 1840-45).

Novels:

Der Bauernspiegel oder Lebensgeschichte des Jeremias
Gotthelf von ihm selbst beschrieben (Farm Life or the
Story of Jeremias Gotthelf, Told by Himself) (1837).

Leiden und Freuden eines Schulmeisters (Sorrows and
Joys of a Schoolmaster) (1838-39).

Wie Uli der Knecht glücklich wird (How Uli the Farmhand
Finds Happiness) (1841).

Wie Anne Bäbi Jowäger haushaltet und wie es mit dem
Doktern geht (How Anne Bäbi Jowäger Keeps House and How
Quackery Works) (1843-44).

Geld und Geist (Wealth and Welfare) (1844).

Käthi die Großmutter (1847).

Uli der Pächter (Uli the Tenant Farmer) (1849).

Die Käserei in der Vehfreude (The Cheese Factory in
Vehfreude) (1850).

Zeitgeist und Berner Geist (The Spirit of the Age and
the Undaunted Traditional Spirit of Bern) (1852).

Erlebnisse eines Schuldenbauers (Experiences of a Peasant in Debt) (1854).

Novellas:

Die schwarze Spinne (1842).

Elsi die seltsame Magd (Elsi the Enigmatic Maid) (1843).

JACOB (LUDWIG KARL) GRIMM, (s. Wilhelm Grimm), (January 4, 1785 - September 20, 1863). Together with his
brother considered the founder of Germanic philology and
the systematic study of German folklore. Born in Hanau
am Main, son of a lawyer. Because his father died in
1796 G. had a hard youth and financial problems. From
1802 to 1805 he studied law at Marburg, especially with
Friedrich Karl von Savigny (1779-1861), one of the
founders of the historical school of jurisprudence.
Savigny not only awakened in Jacob a love for historical
research, he also made both brothers aware of the old
German literature. In 1805 Jacob went to Paris as
Savigny's assistant. Later that same year he accepted
a position in the war office in Kassel, and in 1808 he
became private librarian to Jerome Buonaparte, King of
Westphalia, who also appointed him auditor of the state
council. During the Wars of Liberation (1813-15) G.
was named secretary of legation. After the expulsion
of Jerome he spent time at the headquarters of the al-

lied army and was sent to Paris to demand the return of valuable books carried off by the French. G. then attended the Congress of Vienna, subsequently became second librarian in Kassel (1816), and in 1829 was called to Göttingen as professor and librarian. When the King of Hannover abolished the constitution (1837), Jacob and six other professors, among them his brother Wilhelm, protested. He was dismissed and banished from the kingdom. In 1840 the brothers accepted an invitation from the King of Prussia to come to Berlin. They were appointed professors and elected members of the Prussian Academy of Sciences (1841). In 1848 Jacob became a member of the Frankfurt Parliament. From the failure of the revolution to the time of his death he devoted himself exclusively to scholarship, especially to the compilation of the Deutsches Wörterbuch.

Works: s. Wilhelm Grimm

WILHELM (KARL) GRIMM, (s. Jacob Grimm). Born February 24, 1786 in Hanau am Main, died December 16, 1859 in Berlin. He was his brother's constant and closest collaborator, and much of his life parallels that of Jacob. After studying law at Marburg University (1803-06), he was appointed librarian in Kassel (1816). In 1825 he married Dorothea Wild, but Jacob continued to live in the same house, and the brothers shared their books and property. From 1830 to 1837 Wilhelm was librarian and professor in Göttingen. Like his brother he was dismissed from his post by the King of Hannover, because he protested against the king's abolition of the constitution. From 1840 on he held an appointment as professor in Berlin.

Main Works

Jacob Grimm:

Über den altdeutschen Meistergesang (1811).

Deutsche Grammatik (comparative historical grammar of the Germanic languages) (4 vols., 1819-37).

Deutsche Rechtsaltertümer (historical study of Germanic laws and constitutions) (1828).

Deutsche Mythologie (historical study of Germanic religious believes) (1835).

Geschichte der deutschen Sprache (a history of the Germanic tribes) (1848).

Wilhelm Grimm:

Altdänische Heldenlieder, Balladen und Märchen (1811).

Die deutsche Heldensage (1829).

Kleinere Schriften (Ed. G. Hinrichs, 4 vols., 1881-87).

Jacob and Wilhelm Grimm:

Kinder- und Hausmärchen (mainly ed. by Wilhelm, 3 vols., 1812, 1815, 1822).

Lieder der alten Edda (1815).

Deutsche Sagen (Analysis of the oldest epic traditions of the Germanic peoples. The publication of the fairy tales and sagas established folklore as a scholarly discipline.) (2 vols., 1816, 1818).

Deutsches Wörterbuch (1852-1961).

JOHANN PETER HEBEL (May 10, 1760 - September 22, 1826). H., a native of Basel, was of humble background. His father died when he was little more than a year old, his mother in 1773, and H. grew up amidst great poverty, but friends helped the gifted student to finish school and to study theology at Erlangen (1778-80). After the completion of his studies he was a private tutor, and for some years held a teaching appointment at Lörrach, north of Basel. Later he became a teacher at the Gymnasium in Karlsruhe (1791), and in 1808 was appointed director of that school. In 1819 H. was made a member of the consistory and evangelical prelate. As prelate he was a member of the Badenese Assembly until 1821. That same year he received an honorary doctorate from Heidelberg University. He fell ill on an official trip and died in Schwetzingen, near Heidelberg.

H., the most important writer in the Alemannic dialect, became a model for many authors who were to write in dialect. He was well known for his Alemannische Gedichte (1803), in which he «thoroughly bucolicizes the world in the most ingenuous and charming manner» (Goethe). Hebel's Schatzkästlein des rheinischen Hausfreundes (The Treasure Chest of the Rhenish Family Friend) (1811) even surpassed the Gedichte in popularity, going through more than two hundred editions in the twentieth century. This extensive collection of short stories, anecdotes and merry tales incorporates almost all the stories which H. wrote between 1808 and 1811 for a Badenese almanac. When H. speaks to his readers as teacher, adviser and friend he is never condescending and he addresses them in a mixture of humor and seriousness that is peculiarly his.

JUSTINUS (ANDREAS CHRISTIAN) KERNER (September 18, 1786 - February 21, 1862). Lyric poet and physician, born at Ludwigsburg in Württemberg, attended schools at Ludwigsburg and at Maulbronn (1795). Worked for a brief time as an apprentice in a cloth factory. He subsequently studied medicine at the University of Tübingen (1804-08). Upon graduation K. travelled through North Germany and Austria, and after having been district medical officer at different places in Württemberg he finally settled in Weinsberg (1819). His hospitable home was frequented by people of all classes from everywhere. In 1851 K. had to give up his medical practice because of increasing blindness. When his wife, whom he had married in 1813, died in 1854, he was diligently cared for by his daughters until his death.

Kerner's poetry owes much to the folksong and is frequently characterized by a deep melancholy, which, however, is partially balanced by humor. His poetry also reveals a definite leaning toward the supernatural and the occult. Kerner's poems were set to music by Brahms, Schumann, Hugo Wolf and others. Besides poetry and prose, K. wrote books on various medical subjects, such as the influence of sebacic acid on animal organisms, food poisoning, and animal magnetism. He gave an account of Wildbad in the Black Forest and its healing waters as well.

Main Works

Poetry:

Kerner's first poems appeared in the Musenalmanach für 1807. He then collaborated with Ludwig Uhland (1787-1862) and Gustav Schwab (1792-1850) in producing the Poetischer Almanach für 1812 which was followed by the anthology Deutscher Dichterwald (1813). In 1826 K. published a collection of Gedichte, many of which had already previously appeared in anthologies and almanacs. Two other important collections, Der letzte Blütenstrauß and Winterblüten, were published in 1852 and 1859 respectively.

Prose:

Reiseschatten (satirical novel) (1811).

Die Bestürmung der württembergischen Stadt Weinsberg im Jahre 1525 (historical narrative) (1820).

<u>Die Seherin von Prevorst</u> (The Seeress of Prevorst; nov-
el about Friederike Hauffe, a somnambulist and clair-
voyant) (1829).

<u>Bilderbuch aus meiner Knabenzeit</u> (autobiographical ac-
count of Kerner's early years) (1849).

(BERND) HEINRICH (WILHELM) VON KLEIST (October 18,
1777 - November 21, 1811). Writer, dramatist and poet,
born at Frankfurt an der Oder, oldest son of a Prussian
officer, orphaned early. In keeping with family tradi-
tion K. joined the army. He took part in the siege of
Mainz (1793) and the Rhine Campaign. In 1799 he gave up
his military career and left the service as a lieuten-
ant. He studied briefly at the University of Frankfurt
(Oder), then returned to Berlin (1800), where he took
a position in the department of economics. At this time
the study of Immanuel Kant's philosophy brought about a
severe crisis in K., because he concluded that man could
never attain absolute truth. In 1801 he travelled with
his favorite sister Ulrike to Dresden and Paris, remaining afterwards in Switzerland where he planned to
buy a farm. The following year he broke his engagement
to Wilhelmine von Zenge, to whom he had been betrothed
since 1799. At the invitation of Christoph Martin Wie-
land (1733-1813) K. spent the winter 1802-03 at the estate Oßmannstedt near Weimar. In 1803 he took a second
trip to Switzerland. He then moved on to Paris, where,
in despair, he burned his papers and the <u>Guiskard</u> manuscript. Later he attempted to re-write the play, but
it was never completed.

Close to collapse K. wandered to the northern coast
of France to join Napoleon's expeditionary force against
England, hoping to die in battle. He was brought back,
however, and spent some time in Mainz. After a stay in
Berlin he entered the civil service in Königsberg
(1805). In 1807, having left the civil service, he was
arrested by the French as a spy in the vicinity of Berlin, sent to France and kept prisoner there for six
months. Upon being released, K. moved to Dresden, where
he had his most productive period. Here, together with
Adam Müller (1779-1829), he founded the journal <u>Phöbus</u>,
in which parts of Kleist's works appeared.

In 1810 K. was back in Berlin, where he edited the
<u>Berliner Abendblätter</u> (October 1810 - March 1811), the
first daily of that city. It brought, among other ar-
ticles, <u>Polizeinachrichten</u>, anecdotes and important
essays, such as Kleist's <u>Über das Marionettentheater</u>.

However, the journal had to be discontinued because of difficulties with the censors. K. now saw himself as a failure, and he no longer had any hope for the future. With a friend, Henriette Vogel, who had a terminal illness, he decided to die. Near Berlin, at the Wannsee, he shot her and then ended his own life.

The conflict which lies at the root of Kleist's personal tragedy and at the root of the tragedy of his dramatic characters is that feeling, which alone can be trusted, is wrecked again and again by reality. As a writer of short stories and novellas K. has more distance from his subject. He disappears behind the narrative events, which are reported with clear and dynamic detachment.

Kleist's writings were not appreciated for a long time, and he was discovered only around the turn of the century, although Ludwig Tieck (1773-1853) recognized his genius and championed his cause by publishing Kleist's Hinterlassene Schriften (Posthumous Writings) (1821) and Gesammelte Schriften (1826).

Selected Works

Plays:

Die Familie Schroffenstein (1803).

Amphitryon (1807).

Penthesilea (1808).

Robert Guiskard, Herzog der Normänner (Robert Guiscard, Duke of the Normans; fragment) (1808).

Das Käthchen von Heilbronn (1808/1810).

Der zerbrochne Krug (1808/1811).

Die Hermannsschlacht (Arminius' Battle in the Teutoburg Forest) (1809).

Prinz Friedrich von Homburg (1810).

Prose:

Erzählungen (Tales; include Michael Kohlhaas, Die Marquise von O., Das Erdbeben in Chili, Die Verlobung in St. Domingo, Das Bettelweib von Locarno, Der Findling, Die heilige Cäcilie oder die Gewalt der Musik, Der Zweikampf) (2 vols., 1810-11).

KARL HEINRICH, RITTER VON LANG (July 7, 1764 - March 26, 1835). Historian, born at Balgheim (Swabia). Lang was of a restless nature, and his life during the time of German particularism was very eventful. He attended the Gymnasium in Oettingen (Bavaria), and, in 1782, the University of Altdorf, near Nuremberg, where he studied history and law. That same year he became a government clerk at Oettingen and began to make a name for himself as a journalist. In 1788 he was a private tutor in Hungary and the following year obtained a position as private secretary to Baron von Bühler, who at the time was Württemberg's envoy in Vienna. In 1792 L. studied at Göttingen. Between 1793 and 1801 he was employed as private secretary and archivist by the Prussian statesman Hardenberg. L. then entered the service of Bavaria (1806) and was made a member of the nobility in 1808. From 1810 to 1817 he was archivist in Munich, writing historical studies about Bavaria. He died in Ansbach, where he had been living most of the time after his retirement.

L. is best known for his Memoiren des Carl Heinrich Ritters von Lang. Skizzen aus meinem Leben und Wirken, meinen Reisen und meiner Zeit, which appeared posthumously in 1842. The memoirs show Lang's pronounced tendency toward satire but offer at the same time valuable insights into the history of the period. He also wrote Hammelburger Reisen (1818-23), a satire that holds German particularism up to ridicule. His works on Bavarian history are outdated.

GOTTHOLD EPHRAIM LESSING (January 22, 1729 - February 15, 1781). Critic, dramatist, philosopher. Born at Kamenz (Upper Lusatia) as the son of a protestant minister. Studied classical languages, French, English, mathematics, and philosophy at the famed school of St. Afra at Meißen (1741-46). Attended the University of Leipzig (1746-48), where he studied theology and medicine, wrote fables, stories and poems (publ. 1747). In Leipzig L. struck up a friendship with the actress Karoline Neuber (1697-1760), whose company performed his play Der junge Gelehrte (The Young Savant) (1748).

With the exception of a lengthy stay in Wittenberg (December 1751 - November 1752), where he received a master's degree, L. spent the years from 1748 to 1755 as a writer and journalist in Berlin. Here he made Voltaire's acquaintance. In 1751 L. became literary critic for the Berlinische privilegierte Zeitung, and

by 1753 his collected writings, Schriften (6 vols., completed by 1755), began to appear. They contained a
hitherto unpublished play, Miss Sara Sampson (1755), an
important event in the history of German drama. The
play was patterned after English, not French models,
and is the first bürgerliches Trauerspiel (domestic
tragedy) in German. Between 1754 and 1758 L. also edited the Theatralische Bibliothek (4 vols.), which contained mostly translations.

In 1755 L. returned to Leipzig. From 1758 to 1760
he was again in Berlin, where he published Fabeln
(3 vols., 1759) with essays on the nature of the fable
and Philotas, a prose tragedy. At the same time he became one of the authors of the famous and feared Briefe,
die neueste Literatur betreffend (1759-65), essays in
letter form, in which for the first time he clearly rejected French classicism and declared himself for Shakespeare. By 1760 L. had moved to Breslau, where he was
secretary to the governor general of Silesia, General
Tauentzien. He began the comedy Minna von Barnhelm
(publ. 1767) and composed most of his critical treatise
Laokoon oder über die Grenzen der Malerei und Poesie
(publ. 1766). In the latter he considered the differ-
ences between painting and poetry.

After five years L. returned to Berlin, hoping to
obtain an appointment there. When his plans came to
nothing, he accepted a position as drama critic and adviser to the newly established German National Theater
in Hamburg (1767). While there he published Hamburgi-
sche Dramaturgie (2 vols., 1767-69), in which he dis-
cussed the plays produced by the Nationaltheater, as
well as the nature of tragedy and comedy. He attacked
French classical theater, then dominant, and brought
the Greeks and Shakespeare to the attention of his countrymen. The National Theater soon had to close its
doors, and a publishing firm in which L. had become a
partner failed too. Soon, however, L. was named court
librarian at Wolfenbüttel (1770), where he was to spend
his remaining years. After travelling in Italy with
Prince Leopold of Brunswick (1775/76), he married Eva
König, who died shortly thereafter in 1778.

In Wolfenbüttel L. finished Emilia Galotti (1772),
another «domestic tragedy» criticizing absolutism. Upon
the completion of the play, L. devoted himself to studying the holdings of the Wolfenbüttel library and published his research in Zur Geschichte und Literatur

(6 vols., 1773-81). He included in these volumes part
of a manuscript by the late H. S. Reimarus (1694-1768).
Its publication involved L. in numerous controversies
with orthodox theologians, above all J. M. Goeze (1717-
1786), whose attacks he answered in several essays.
Lessing's insistence on freedom of thought soon brought
him into conflict with the authorities, who did not per-
mit him to continue the disputation. He now answered
his opponents from his «old pulpit,» the stage, with
Nathan der Weise (1779). The play advocates tolerance,
as does his final, brief work, Die Erziehung des Men-
schengeschlechts (The Education of the Human Race)
(1780).

L. was one of the most important and influential
figures of the German Enlightenment. He laid the foun-
dations for modern German literature and literary the-
ory, he introduced English literature, above all Shakespeare, to his countrymen and he paved the way for
those poets and thinkers under whose guidance Germany,
for a time, took the intellectual lead in the world.

FÜRST HERMANN LUDWIG HEINRICH VON PÜCKLER-MUSKAU
(October 30, 1785 - February 4, 1871). Born at castle
Muskau in Lusatia. After having been instructed by the
Moravian brotherhood during his early years, he entered
the University of Leipzig but soon gave up his law stud-
ies and became an officer in the state of Saxony (Dres-
den). He subsequently travelled in France and Italy.
When his father died in 1811 he inherited the barony of
Muskau and the estate at Branitz. During the Wars of
Liberation (1813-15) P.-M. served under the Duke of
Saxe-Weimar and was appointed governor of Bruges. Upon
his retirement he travelled for about a year in England
and then lived either in Berlin or Muskau. In 1817
P.-M. married Lucie, one of the daughters of Fürst Hardenberg. After P.-M. had resigned certain privileges,
the King of Prussia in turn elevated him to the rank of
Fürst in 1822.

A second journey to England was followed by travels
through North Africa and Asia Minor. By 1840 P.-M. was
back in Germany, where he then spent most of his time.
In 1845 he sold his estate Muskau and lived mainly at
castle Branitz near Cottbus. Here he again created lav-
ish gardens as he had done in Muskau. P.-M. was made
an hereditary member of the Prussian Herrenhaus (Upper
House) in 1863 and died at Branitz castle at the age
of eighty-five.

During his days P.-M. was the most popular author of travel books. His vividly written accounts show a keen sense of observation, wit and irony, and are a valuable contribution to the social history of the time.

Main Works

Briefe eines Verstorbenen (description of Pückler-Muskau's stay in England) (4 vols., 1830-32).

Tutti Frutti (discusses Pückler-Muskau's travels through Germany) (5 vols., 1834).

Andeutungen über Landschaftsgärtnerei (Hints on Landscape Gardening) (1834).

Further Travel Accounts:

Vorletzter Weltgang von Semilasso (3 vols., 1835).

Semilasso in Afrika (5 vols., 1836).

Südöstlicher Bildersaal (3 vols., 1840).

Aus Mehemed Alis Reich (3 vols., 1844).

Die Rückkehr (3 vols., 1846-48).

ABBREVIATIONS

acc.	accusative
adj.	adjective
adv.	adverb
Bibl.	Biblical
colloq.	colloquial
conj.	conjunction
cp.	compare
dat.	dative
demon. pron.	demonstrative pronoun
dimin.	diminutive
ed.	edited
Ed.	editor
Engl.	English
etw.	etwas
ftn.	footnote
gen.	genitive
impers. v.	impersonal verb
inf.	infinitive
Ital.	Italian
jmdm.	jemandem (dat.)
jmdn.	jemanden (acc.)
jmds.	jemandes (gen.)
l.	line
Lat.	Latin
ls.	lines
masc.	masculine
no.	number
oberdt.	oberdeutsch (South German dialect)
obs.	obsolete
o's	one's
o.s.	oneself

p.	person
par.	paragraph
pers.	person
plur.	plural
poss. pron.	possessive pronoun
pref.	prefix
pron.	pronoun
p's	person's
publ.	published
s.	see
sing.	singular
s.o.	someone
s.o's	someone's
s.th.	something
th.	thing
vols.	volumes

ach!	alas!, oh!, ah!
die Achsel, -n	shoulder
der Adler, -	eagle
allein	(conj.) but, however
alles	everything
das Amt, ⁚er	office
an/bieten, o, o	to offer
angesehen	respected, distinguished
an/halten, ie, a, ä	to stop
an/sehen, a, e, ie	to regard, look at
die Anstellung, -en	position, appointment
der Arzt, ⁚e	physician
auf einmal	all of a sudden
auf/stehen, stand auf, aufgestanden	to get up
aus/halten, ie, a, ä	to bear, endure
sich aus/ruhen	to rest (o.s.)
aus/steigen, ie, ie	to get off, get out
der Bach, ⁚e	brook, stream
bedenklich = nachdenklich	thoughtful, musing
der Bediente, -n, -n	(man)servant
jmdm. befehlen, a, o, ie	to command, order s.o.
jmdm. begegnen	to encounter s.o.
begreifen, i, i	to comprehend, understand
das Behagen	pleasure
behalten, ie, a, ä	to keep
das Bein, -e	leg
beisammen	together
bereits	already
Berliner	(adj.) Berlin
besitzen, a, e	to possess
besonders	especially

bestimmen	to determine; name
besuchen	to visit
betrübt	sad
die Bewegung, -en	movement
der Beweis, -e	proof
bezahlen	to pay
ein bißchen	a bit, a little
der Blitz, -e	lightning
bloß	(adv.) merely, only
der Bube, -n, -n	boy
der Bursche, -n, -n	boy; fellow
dabei	yet, nevertheless
die Dame, -n	lady
darauf	after that, afterwards; upon that
daraus	of it; out of it
dazu	to it; in addition
derb	rough, coarse
deswegen	for that reason, therefore
der Dieb, -e	thief
der Dienst, -e	service
durchaus nicht	not at all, by no means
ebenso	the same; equally
die Edelleute	(plur.) nobility, noblemen
ehe	before
ehemalig	former, late
ei!	ah!, indeed!
eilen	to hurry
ein bißchen	a bit, a little
der Einfall, ⸚e	idea, thought
auf einmal	all of a sudden
ein/schlafen, ie, a, ä	to fall asleep
einstmals	once
empfinden, a, u	to experience

emsig	busy, eager
entsetzlich	terrible, horrible
entstehen, entstand, entstanden	to spring up, begin
entweder ... oder	either ... or
ergreifen, i, i	to pick up, seize
erhalten, ie, a, ä	to receive, get
erkennen, erkannte, erkannt	to recognize
erklären	to explain; declare
erlauben	to allow, permit
erscheinen, ie, ie	to appear
erstaunen	to be astonished, amazed
erwachen	to wake up
erwidern	to reply
der Esel, -	donkey
fallen, ie, a, ä	to fall
faul	lazy
die Feder, -n	quill; feather
fließen, o, o	to flow, run
frech	impudent, insolent
freilich	certainly, by all means
sich freuen	to be glad, rejoice
fromm	gentle; godly, pious
fürchterlich	terrible, frightful
der Fürst, -en, -en	prince
garstig	ugly, repulsive
das Gebäude, -	building
Gebrauch machen von	to make use of
geduldig	patient
die Gegend, -en	region
der Geiz	avarice, greed
gelingen, a, u	to succeed

das Gelüst, -e or	appetite, desire
das Gelüste, - or	
(obs.) das Gelüsten,	
des Gelüstens	
das Gemüse, -	vegetable
das Gemüt, -er	mind, heart; emotion, feeling
das Gericht, -e	court (of justice); law
gescheit	intelligent, smart
der Geselle, -n, -n	chap, fellow
das Gesetz, -e	law
die Gewalt, -en	force, power
gewöhnlich	usual
die Glocke, -n	bell
der Gottesacker, ⸚	churchyard, graveyard
das Grab, ⸚er	grave
die Haut, ⸚e	skin, hide
heim-	(pref.) home
heim/kommen, a, o	to return home
heimlich	secretly
heiß	hot; burning, fervent
heiter	clear; cheerful, merry
das Hemd, -en	shirt
herab-	(pref.) down, downward(s)
herbei/kommen, a, o	to approach
herein-	(pref.) in, into
die Herrschaft, -en	employer, master
herzu/kommen, a, o	to arrive on the scene, approach
der Hieb, -e	slash, scar; blow
hin- und her-	(pref.) to and fro
hinab-	(pref.) down, downward(s)
hinein-	(pref.) in, into
höflich	polite
indem	while

314

indes, indessen	in the meantime; nevertheless
jedoch	however
die Kammer, -n	(small) room
kaputt	ruined, done for
die Kartoffel, -n	potato
der Kerl, -e	fellow
klagen	to complain
das Knie, -	knee
der König, -e	king
die Königin, -nen	queen
die Kunst, ̈e	art, skill
lecken	to lick
der Löffel, -	spoon
etw., jmdn. los sein	to be rid of s.th., s.o.
die Magd, ̈e	maid(servant)
die Meinung, -en	intention; opinion
das Mitleid	compassion, pity
der Mitleidige, -n, -n	compassionate man
munter	merry, cheerful
der Nachbar, -s or -n, -n	neighbor
nachher	afterwards, after that
nämlich	that is to say
naß	wet
nebeneinander	side by side
nebst	besides
nimmer	never again, never
nimmermehr	never again, never
die Notwendigkeit, -en	necessity
der Ofen, ̈	stove
opfern	to sacrifice
Polen	Poland
quälen	to plague, torment

315

der Rabe, -n, -n	raven
die Rechnung, -en	bill, account
regieren	to rule, govern
die Regierung, -en	government
das Reich, -e	realm
die Rettung, -en	escape, help
die Rücksicht, -en	regard, consideration
der Rückweg, -e	the way back, way home
satt	satiated, full
der Schäfer, -	shepherd
jmdm. etw. schenken	to make a p. a present, to give
das Schicksal, -e	fate, destiny; lot
schlau	sly, crafty
der Schlüssel, -	key
schmecken	to taste
die Schüssel, -n	dish, bowl
sorgen für	to provide for, look after
spazieren/gehen, ging spazieren, spazieren-gegangen	to go for a walk, take a stroll
speisen	to eat, dine
der Sperling, -e	sparrow
stehlen, a, o, ie	to steal
stolz	proud
der Strick, -e	rope
die Suppe, -n	soup
der Teich, -e	pond
der Teufel, -	devil
das Tischtuch, ¨er	tablecloth
töten	to kill
die Träne, -n	tear
die Treppe, -n	stairway, stairs
trocken	dry

der Tropfen, -	drop
trösten	to console, comfort
tüchtig	capable; fine
die Tugend, -en	virtue
der Turm, ⁻e	tower
jmdm. etw. übel/nehmen, a, o, i	to resent, be offended by s.o's actions
übermütig	arrogant, haughty
das Ufer, -	bank, shore
der Umstand, ⁻e	circumstance, fact
um ... willen (+ gen.)	for the sake of
unterbrechen, a, o, i	to interrupt
untersuchen	to examine, search
das Vergnügen, -	pleasure, enjoyment
vergnügt	cheerful, happy
das Vermögen	estate, assets
versetzen	to reply
verstecken	to hide
vorher	beforehand, in advance
vornehm	aristocratic, prominent; elegant, refined
der Vorrat, ⁻e	stock, provision, supply
der Vorübergehende, -n, -n	passer-by
wahrscheinlich	likely, probable
ward	= wurde; only used in poetry and choice prose
wecken	to wake, rouse
weh tun (+ dat.), a, a	to pain, hurt
der Wirt, -e	innkeeper
wohlfeil	cheap, inexpensive
worauf	whereupon, after which
wunderlich	strange, eccentric, peculiar
der Zahn, ⁻e	tooth

der Zeigefinger, -	forefinger, index finger
der Zeuge, -n, -n	witness
zittern	to tremble
der Zorn	wrath, anger
zurück-	(pref.) back
zurück/kehren	to return
zu/sehen, a, e, ie	to watch
der Zustand, ̈e	condition, state
der Zweifel, -	doubt